Bärenhunger auf Deutsch

クマといっしょにドイツ語

—1. 会話 2. 文法 3. 復習ドリル—

Chiko Haneda

Tomomi Kumagai

Heike Pinnau

ASAHI Verlag

ドイツ語圏略地図

（ 　　 はドイツ語使用地域）

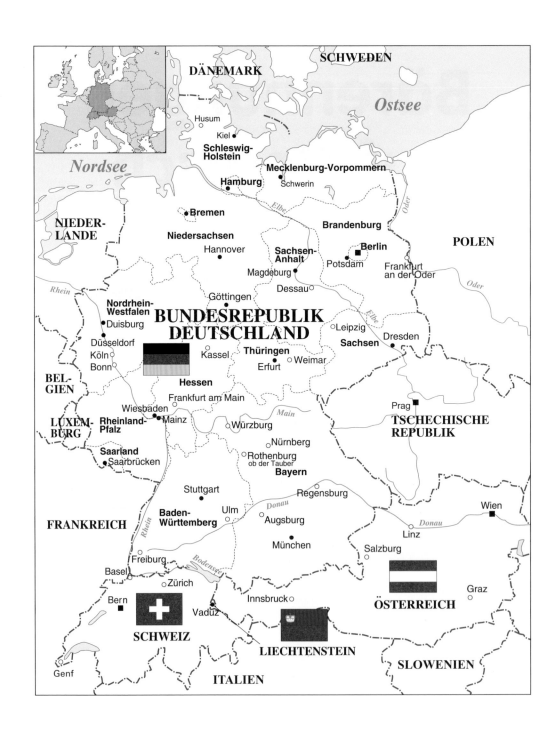

ドイツ語学習の旅へようこそ！

　「ようこそ」はドイツ語でwillkommenといいます。発音は「ヴィルコメン」です。「ドイツ語って難しいでしょう」とよく言われますが、発音に関していえば、この通り。スペルをそのままローマ字読みすれば、ドイツ語はだいたい発音することができるのです。日本語話者にとって、ドイツ語は比較的発音しやすい言語と言えます。

　本書『クマといっしょにドイツ語』は、ドイツ語の発音や日常会話表現、文法を2匹のクマとともに楽しく学ぶ、全11課からなる教科書です。冒頭の0課は、「ドイツ語のスペルを読み、発音する」だけ。挨拶したり、数字を聴き取ったり、「これおいしいね」など短い文を発話しながら、ドイツ語発音の基礎をしっかりと身につけます。それに続く1課からは、「文法を確認しながらドイツ語を話す」練習が始まります。ドイツ語にはやたら変化が多く、話すときも語形変化を避けて通ることはできません。教室では「話して、聴いて、書いて」文法規則を学んでほしいのですが、きちんと教室で覚えたはずの変化形を、家に帰ると忘れてしまうことはよくあることです。そこで文法規則の確認のために、独立した文法ページを第2部として教科書後半に用意しました。例えば、第1部「練習1課」で学んだ動詞の変化がわからなくなったときは、第2部「文法1課」に飛んで、動詞の文法説明を読み返してみましょう。そのあとは第3部「復習1課」に飛んで、理解した内容をアウトプットする練習をしてみてください。

　本書の特色は、この3部構成と、日本語の訳文や説明文を多く取り入れたこと、視覚的イメージと結びつけて語彙をインプットしてもらうために、カラーイラストを豊富に掲載したことです。このように各部門で復習を繰り返すことでドイツ文法の基礎が確実に定着することを、本書は目指しています。

　「どうしたら外国語が話せるようになりますか」。これはよく聞かれる質問です。まずは語彙力を身につけましょう。そして大事な文型はどんどん暗記しましょう。覚えれば覚えるほどドイツ語が楽しくなります。そうしているといつかドイツ語が自然と口から出てきます。ドイツ語にBärenhungerという言葉があります。「お腹がペコペコ」という意味ですが、この教科書がみなさんのお腹を満たしてくれることを願っています。では、2匹のクマと一緒にドイツ語の勉強を始めましょう。

Also, viel Spaß und Erfolg beim Deutschlernen mit unseren zwei Bären.

2022年春　著者一同

目次

音声ストリーミングページ

https://text.asahipress.com/free/german/baerenhunger/

本文・表紙イラスト：浅井 恭子
本文・表紙デザイン：メディアアート

第1部

聴いて、話して、書いて

Hallo, Deutschland!

🎧 02

Grüß Gott!

Guten Abend!

Guten Tag!

Hallo!

Tschüs!

Auf Wiedersehen!

Guten Morgen!

Gute Nacht!

Danke schön!

Bitte schön!

親称「元気？」

敬称「お元気ですか？」

Wie geht's?

Wie geht es **Ihnen**?

Danke, gut.
Und **dir**?

Danke, gut.
Und **Ihnen**?

Herr Groß

Frau Klein

Danke, auch gut.

Danke, auch gut.

A アルファベートを発音してみましょう。

A	a	[a:]	
B	b	[be:]	
C	c	[tse:]	
D	d	[de:]	
E	e	[e:]	
F	f	[ɛf]	
G	g	[ge:]	
H	h	[ha:]	
I	i	[i:]	
J	j	[jɔt]	
K	k	[ka:]	
L	l	[ɛl]	
M	m	[ɛm]	
N	n	[ɛn]	
O	o	[o:]	
P	p	[pe:]	
Q	q	[ku:]	

R	r	[ɛr]	咽喉ひこを震わせる
S	s	[ɛs]	
T	t	[te:]	
U	u	[u:]	
V	v	[fau]	
W	w	[ve:]	
X	x	[iks]	
Y	y	[ypsilɔn]	
Z	z	[tsɛt]	
Ä	ä	[ɛ:]	アの口でエ
Ö	ö	[ø:]	オの口でエ
Ü	ü	[y:]	ウの口でイ
	ß	[ɛs-tsɛt]	小文字のみ

Übung 1 略語を発音しなさい。

① CD
② DVD
③ PC
④ USB
⑤ EU
⑥ DB
⑦ ÖBB
⑧ SBB
⑨ ICE
⑩ BMW

Übung 2 単語のスペルを聴きとって書きなさい。

① ___ ___ ___ ___ ___ ___ ___ ___
② ___ ___ ___ ___ ___
③ ___ ___ ___ ___ ___ ___
④ ___ ___ ___ ___ ___ ___
⑤ ___ ___ ___ ___ ___

B ドイツ語の発音の原則を学びましょう。

1 ほぼローマ字読み
2 アクセントは第1母音に
3 第1母音の長短は、次に続く子音の数で決まる ｛ 子音1つなら、長く発音
子音2つなら、短く発音

Übung 3 母音の長さを意識しながら、国名や地名などを発音しなさい。

【母音】	a	[a], [a:]	Frankfurt	Basel
	e	[e], [e:]	Essen	Bremen
	i	[i], [i:]	Linz	Isar
	o	[o], [o:]	Dortmund	Rothenburg
	u	[u], [u:]	Stuttgart	Dubai
【ウムラウト】	ä	[ɛ], [ɛ:]	Kärnten	Dänemark
	ö	[ø], [ø:]	Köln	Österreich
	ü	[y], [y:]	München	Zürich
【複母音】	ei	[ai]	Rhein	Schweiz
	eu	[ɔy]	Deutschland	Neuschwanstein
	au	[au]	Augsburg	Donau

Übung 4 ドイツ語らしい特徴をもつ子音を発音しなさい。

【子音】	b, d, g	語末は注意	Tag こんにちは	Abend こんばんは	lieb 愛する
	ig	語末は注意	lustig 面白い	fleißig 勤勉な	
	ch	[x]か[ç]か	Ach so あ、そう	ich auch 私も	noch nicht まだない
	r	どこにあるかで	richtig 正しい	klar 当たり前だ	Morgen 朝
	h	母音の後で	Ruhe 静かに	sehr gut とても良い	
	s	母音の前で	super すごい	so lala まずまず	
	ss, ß	[s]	klasse すごい	groß 大きい	
	sch	[ʃ]	schade 残念	falsch 間違った	
	sp, st	[ʃp], [ʃt]	spitze すごい	Start 開始	

Übung 5 発音の違いを比較しながら、それぞれ発音しなさい。

① leise 静かに　　　　　Reise 旅
② Feuer 火事　　　　　Feier 祭り
③ Wurst ソーセージ　　Brust 胸
④ gehen 行く　　　　　gern 好んで
⑤ Döner ドネルケバブ　Donner 雷

C 数字を発音してみましょう。

null	eins	zwei	drei	vier	fünf

sechs　sieben　acht　neun　zehn

Übung 6　掛け算をドイツ語で発音しなさい。

① zwei mal zwei?
② zwei mal drei?
③ zwei mal vier?

Ja, das ist richtig.　Nein, das ist falsch.

 Übung 7　電話番号の続きを聴きとりなさい。

① 090 ＿＿＿＿＿＿＿　＿＿＿＿＿＿＿
② 080 ＿＿＿＿＿＿＿　＿＿＿＿＿＿＿
③ 090 ＿＿＿＿＿＿＿　＿＿＿＿＿＿＿

D 形容詞で良し悪しを表現してみましょう。

Das ist **toll**.	すごくいいね。
Das ist **schön**.	すばらしいね。
Das ist **gut**.	いいね。
Das ist **so lala**.	まあまあだね。
Das ist **schlecht**.	悪いね。
Das ist **schlimm**.	酷いね。

E 形容詞を否定してみましょう。

Das ist **nicht** schön.	すごくはないね。
Das ist **nicht** gut.	よくないね。
Das ist **nicht so** schlecht.	そう悪くないね。
Das ist **nicht so** schlimm.	そう酷くないね。

F 形容詞を強調してみましょう。

Das ist lecker. おいしいね。

Ja, das ist **sehr** lecker. うん、とてもおいしい。

Das ist süß. 甘いね（かわいいね）。

Ja, das ist **so** süß. うん、こんなに甘い（かわいい）。

Das ist teuer. 高いね。

Ja, das ist **ganz** teuer. うん、まったく高い。

Das ist viel. 多いね。

Ja, das ist **zu** viel. うん、多すぎる。

 G 形容詞を並べて表現してみましょう。

Das ist süß **und** sehr lecker. 甘くて、とてもおいしい。

Das ist schön **und** ganz praktisch. すばらしくて、まったく実用的だ。

Das ist gut, **aber** ein bisschen teuer. いいけど、ちょっと高い。

Das ist nicht schlecht, **aber** zu teuer. 悪くないが、高すぎる。

Übung 8 イラストを見て、2つの形容詞を並べて表現しなさい。

例 ① ② ③

例 Das ist schön **und** sehr süß.

① _____ .

② _____ .

③ _____ .

H 便利な日常表現を覚えましょう。

はじめまして
    Sehr angenehm!
    Sehr erfreut!

いただきます
    Guten Appetit!
    Mahlzeit!

乾杯
    Prost!
    Prosit!

お大事に
    Gesundheit!　　　　（くしゃみをした人に）
    Gute Besserung!　　（体調を崩した人に）

またね
    Bis später!　　　　　あとでね
    Bis morgen!　　　　　明日ね
    Bis nächste Woche!　来週ね

    Schönen Tag!　　　　よい1日を
    Schönes Wochenende! よい週末を

祈ってます
    Viel Spaß!　　　　　楽しんできて
    Viel Erfolg!　　　　成功を祈るわ
    Viel Glück!　　　　　幸運を祈るわ
    Alles Gute!　　　　　お元気で

 Übung 9　どのように返答したらいいでしょうか。以下から選んで、上の空欄に書きなさい。

Danke, tschüs! ありがとう、バイバイ　　Danke, gleichfalls! ありがとう、あなたもね
Freut mich! はじめまして　　　　　　　Bis dann, tschüs! またね、バイバイ
Zum Wohl! 乾杯　　　Guten Appetit! いただきます　　　Danke! ありがとう

Ich spiele gern Fußball.

Ich spiele gern Fußball.	spielen		Du spielst auch gern Fußball. Sie spielen auch gern Fußball.
Ich mache gern Karate.	machen		Du machst auch gern Karate. Sie machen auch gern Karate.
Ich höre gern Rockmusik.	hören		Du hörst auch gern Rockmusik. Sie hören auch gern Rockmusik.
Ich singe gern Karaoke.	singen		Du singst auch gern Karaoke. Sie singen auch gern Karaoke.
Ich trinke gern Kaffee.	trinken		Du trinkst auch gern Kaffee. Sie trinken auch gern Kaffee.
Ich komme aus Japan.	kommen		Du kommst auch aus Japan. Sie kommen auch aus Japan.
Ich wohne in Kyoto.	wohnen		Du wohnst auch in Kyoto. Sie wohnen auch in Kyoto.
Ich arbeite in Osaka.	arbeiten		Du arbeitest auch in Osaka. Sie arbeiten auch in Osaka.
Ich reise gern.	reisen		Du reist auch gern. Sie reisen auch gern.
Ich heiße Anna.	heißen		Du heißt Anna. Sie heißen Anna. Freut mich!

A 決定疑問文は、「はい」か「いいえ」の答えを求める疑問文です。
動詞が文頭にくるのが特徴です。

Spiel**st** du gern Fußball? サッカーをするのが好き？
 　Ja, ich spiel**e** gern Fußball. 　うん、サッカーは好き。

Hör**st** du gern Popmusik? ポップ音楽を聴くのが好き？
 　Ja, ich hör**e** besonders gern J-Pop. 　うん、特にJポップが好き。

Trink**st** du gern Kaffee? 珈琲を飲むのが好き？
 　Nein, ich trink**e** nicht gern Kaffee. 　いや、珈琲は好きではないね。

Übung 1 好きかどうか、決定疑問文で質問しなさい。

| Fußball Tennis Golf Badminton Tischtennis Klavier Geige Gitarre | Rockmusik Popmusik Hip-Hop Reggae Jazz klassische Musik | Kaffee Tee Bier Wein Wasser Cola Spezi Apfelsaft Apfelschorle |

B 否定疑問文は、否定で尋ねる疑問文です。肯定するときの答え方に特徴があります。

Trink**st** du **nicht gern** Kaffee? 君は珈琲は好きじゃないでしょう？
 　Doch, ich trink**e** gern Kaffee. 　とんでもない、珈琲は好きだよ。
 　Nein, ich trink**e** nicht gern Kaffee. 　いや、珈琲は好きじゃないね。

Komm**st** du **nicht** aus Japan? 君は日本出身じゃないでしょう？
 　Doch, ich komm**e** aus Japan. 　とんでもない、日本出身だよ。
 　Nein, ich komm**e** aus China. 　いや、中国出身だよ。

Wohn**st** du **nicht** in Kyoto? 君は京都に住んでいないんでしょう？
 　Doch, ich wohn**e** in Kyoto. 　とんでもない、京都に住んでるよ。
 　Nein, ich wohn**e** in Kobe. 　いや、神戸に住んでいるよ。

Übung 2 以下の動詞を用いて、疑問文を自由に作りなさい。

① spielen （例）サッカーは好き？
② trinken （例）ワインは嫌い？
③ hören （例）ジャズは嫌い？
④ kommen （例）ドイツから来たの？
⑤ wohnen （例）東京に住んでいるの？

C 補足疑問文は疑問詞を用いた疑問文です。疑問詞の求める要素を答える必要があります。

Was trink**st** du gern?　　　　　　　　君は何を飲むのが好き？

Ich trink**e** gern Tee. Und du?　　　　　　私は紅茶を飲むのが好き。君は？

Was bist du von Beruf?　　　　　　　　君の職業は何？

Ich **bin** Student. Und du?　　　　　　　学生だよ。君は？

Wie heiß**t** du?　　　　　　　　　　　　君はなんという名前なの？

Ich heiß**e** Alex. Und du?　　　　　　　　僕はアレックス。君は？

Wie alt bist du?　　　　　　　　　　　　君は何歳？

Ich **bin** neunzehn. Und du?　　　　　　　僕は19歳。君は？

Wo wohn**st** du?　　　　　　　　　　　君はどこに住んでいるの？

Ich wohn**e** in Berlin. Und du?　　　　　　僕はベルリンに住んでいるよ。君は？

Woher komm**st** du?　　　　　　　　　君はどこから来たの？

Ich komm**e** aus München. Und du?　　　僕はミュンヘン出身だよ。君は？

Übung 3　　以下の疑問詞を用いて、補足疑問文を自由に作りなさい。

① wie　　　　（例）名前は？

② was　　　　（例）職業は？好きなものは？

③ wie alt　　　（例）いくつ？

④ wo　　　　（例）住まいは？

⑤ woher　　　（例）出身は？

Er ist	**Sie ist**	**Er ist**	**Sie ist**
Schüler	Schüler**in**	Japaner	Japaner**in**
Lehrer	Lehrer**in**	Deutscher	Deutsch**e**
Kellner	Kellner**in**	Österreicher	Österreicher**in**
Verkäufer	Verkäufer**in**	Schweizer	Schweizer**in**
Krankenpfleger	Krankenpfleger**in**	Amerikaner	Amerikaner**in**
Beamter	Beamt**in**	Koreaner	Koreaner**in**
Angestellter	Angestellt**e**	Franzose	Französ**in**
Student	Student**in**	Chinese	Chines**in**

D 「君は」を主語にするときに、特殊な変化をする不規則動詞があります。
巻末の主要不規則動詞変化表をチェックして、不規則な変化形を確認しましょう。

Fahr**en** Sie gern Fahrrad?　　　　　　　　あなたは自転車に乗るのが好きですか？

Fä**hrst** du gern Fahrrad?　　　　　　　　君は自転車乗るの好き？

　Ja, ich fahr**e** sehr gern Fahrrad.　　　　うん、自転車大好き。

Ess**en** Sie gern Eis?　　　　　　　　　　あなたはアイスを食べるのが好きですか？

I**sst** du gern Eis?　　　　　　　　　　　君はアイス食べるの好き？

　Ja, ich ess**e** sehr gern Eis.　　　　　　うん、アイス大好き。

Seh**en** Sie gern Animes?　　　　　　　　あなたはアニメを見るのが好きですか？

Sie**hst** du gern Animes?　　　　　　　　君はアニメ見るの好き？

　Ja, ich seh**e** sehr gern Animes.　　　　うん、アニメ大好き。

Was seh**en** wir jetzt?　　　　　　　　　僕たちは今、何を見ようか？

Übung 4　　「君は」を主語にして、文を書き直しなさい。

① Sprechen Sie Englisch?　　_____?

② Lesen Sie gern Manga?　　_____?

③ Schlafen Sie gut?　　_____?

④ Woher wissen Sie das?　　_____?

⑤ Was nehmen Sie?　　_____?

Übung 5　　この課で学んだ表現を用いて、自由に質問しなさい。

① 名前は？

② 出身は？

③ 住まいは？

④ 年齢は？

⑤ 好きなものは？

　・音楽

　・スポーツ

　・飲食物　など

Was ist das?

das Bild

die Uhr

das Buch

die Blume

22

die Vase

der Stuhl

das Regal

die Lampe

die Steckdose

der Computer

Wörterbuch

der Hund

der Teppich

das Wörterbuch

die Brille

das Etui

das Heft

der Kugelschreiber
(der Kuli)

der Geldbeutel

das Handy

das Geld

die PET-Flasche

der Schlüssel

die Kreditkarte

der Rucksack

das Täschchen

die Maske

der Regenschirm

der Apfel

die Tasche

die Banane

das Feuchttuch

das Papiertaschentuch

die Einkaufstasche

die Schokolade

der Tisch

A ドイツ語の名詞には男性、女性、中性があります。定冠詞の形も変わります。

Was kostet **der** Rucksack?

Der kostet eintausend Yen.

Was kostet **die** Einkaufstasche?

Die kostet einhundert Yen.

Was kostet **das** Papiertaschentuch?

Das kostet zehn Yen.

B 不定冠詞や所有冠詞の形も変わります。

Was ist das?

Das ist **ein** Kuli.

Das ist **eine** Uhr.

Das ist **ein** Buch.

 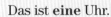

Ist das **dein** Kuli?

Ja, das ist **mein** Kuli.

Ist das **deine** Uhr?

Ja, das ist **meine** Uhr.

Ist das **dein** Buch?

Ja, das ist **mein** Buch.

Übung 1 周囲にあるものを指さしながら、質問しなさい。

Was ist das?

Das ist **eine** Tasche.

Ist das **deine** Tasche?

Ja, das ist **meine** Tasche.

Was kostet **die** Tasche?

Die kostet eintausend Yen.

Ist **die** praktisch?

Ja, **die** ist ganz praktisch.

C 所有者を人名で表す場合、sをつけます。

Ist das **Martins** Kuli?

Ist das **Martins** Uhr?

Ist das **Martins** Buch?

Ja, das ist **sein** Kuli.

Ja, das ist **seine** Uhr.

Ja, das ist **sein** Buch.

Ist das **Annas** Kuli?

Ist das **Annas** Uhr?

Ist das **Annas** Buch?

Nein, das ist **nicht ihr** Kuli.

Nein, das ist **nicht ihre** Uhr.

Nein, das ist **nicht ihr** Buch.

Übung 2　「これはパウルの？」「ユリアの？」「君の？」忘れ物が誰のものか尋ねなさい。

D 名詞の複数形は、辞書で一つ一つ調べる必要があります。

傘2本欲しい場合、**Regenschirm**を辞書で調べて
男　[e]s / Regenschirme
性　単数2格 / 複数形

Zwei Regenschirme, bitte.
【 e 型 】

Zwei Täschchen, bitte.
【 無語尾型 】

Zwei Bücher, bitte.
【 er 型 】

Zwei Bananen, bitte.
【 (e)n型 】

Zwei Handys, bitte.
【 s 型 】

Übung 3　複数を購入しなさい。複数形は辞書でチェックすること。

① リンゴ2つください。　　　　　Zwei _____.

② ペン3本ください。　　　　　　_____.

③ ノート4冊ください。　　　　　_____.

④ ウェットティッシュ5つください。　_____.

⑤ マスク10枚ください。　　　　　_____.

E 定冠詞？不定冠詞？無冠詞？　冠詞の使い方を整理しましょう。

◆ 初出は ＿＿＿＿ 冠詞

Da kommt ein Mann. そこに男性がやってきます。

◆ 既出は ＿＿＿＿ 冠詞

Der Mann ist Pauls Bruder. その男性はパウルのお兄さんです。

◆ 職業、国籍、楽器、スポーツは ＿＿＿＿ 冠詞

Er ist Student. 彼は大学生です。

Er ist Deutscher. 彼はドイツ人です。

Er spielt gern Klavier. 彼はピアノを弾くのが好きです。

◆ 初出で、いろいろの場合は複数形の ＿＿＿＿ 冠詞

Er spielt gern Videospiel**e**. 彼はゲームをするのが好きです。

◆ ただし指示性をもたせる場合は ＿＿＿＿ 冠詞

Die Videospiel**e** spielt er sehr oft. このゲームを彼は何度もやります。

◆ 飲食物などの不可算名詞は ＿＿＿＿ 冠詞

Er mag Bier. 彼はビールが好きです。

◆ ただし「1つ」と注文するときは ＿＿＿＿ 冠詞

Ein Bier bitte! ビール1つお願いします。

◆ ただし指示性をもたせる場合は ＿＿＿＿ 冠詞

Das Bier schmeckt gut. そのビールはおいしい。

Übung 4 定冠詞か、不定冠詞か、無冠詞（×）か。状況に合った冠詞を選びなさい。

① Heute Abend haben wir [die / eine / ×] Gäste. 今晩は来客があります。

② [Die / Eine / ×] Gäste kommen um 7 Uhr. お客さんは7時にやって来ます。

③ Jetzt kochen wir [die / eine / ×] Kartoffelsuppe. 今からポテトスープを作ります。

④ [Der / Ein / ×] Garten da ist so groß und herrlich. その庭は広くて眺めがよろしい。

⑤ Da haben wir [die / eine / ×] Grillparty. そこでバーベキューをするのです。

Ich habe Zeit.

Ich habe...

r Hunger

r Durst

e Zeit

s Geld

pl. Kopfschmerzen

pl. Bauchschmerzen

pl. Zahnschmerzen

s Fieber

r Husten

r Schnupfen

r Stress

s Pech

s Glück

r Spaß

A 名詞には性があり、文中では1格（が）、2格（の）、3格（に）、4格（を）と格変化します。

【男性1・2格】 **Der** Hut **des** Lehrer**s** ist da.　　　先生（男性）の帽子がそこにあります。

【男性3格】 Der Hut gefällt **dem** Lehrer sehr gut.　その帽子は先生にとても気に入られてます。

【男性4格】 Wie findest du **den** Hut?　　　　その帽子を君はどう思う？

【男性4格】 Ich finde **ihn** nicht schlecht.　　　私はそれを悪くないと思うよ。

【女性1・2格】 **Die** Jacke **der** Lehrerin ist da.　　先生（女性）のジャケットがそこにあります。

【女性3格】 **Die** Jacke gefällt **der** Lehrerin sehr gut. そのジャケットは先生にとても気に入られてます。

【女性4格】 Wie findest du **die** Jacke?　　　そのジャケットを君はどう思う？

【女性4格】 Ich finde **sie** schön.　　　　　私はそれを綺麗だと思うよ。

【中性1・2格】 **Das** Fahrrad **des** Kind**es** ist da.　子供の自転車がそこにあります。

【中性3格】 **Das** Fahrrad gefällt **dem** Kind sehr gut. その自転車は子供にとても気に入られてます。

【中性4格】 Wie findest du **das** Fahrrad?　　　その自転車を君はどう思う？

【中性4格】 Ich finde **es** toll.　　　　　　私はそれをすごくいいと思うよ。

Übung 1　4格（〜を）を用いて、どう思うか質問しなさい。
また代名詞を用いて質問に答えなさい。

例 r Fußballspieler　Wie findest du **den** Fußballspieler?　Ich finde **ihn** ganz toll!

① r Schauspieler　Wie findest du ＿＿＿＿＿＿？　Ich finde ＿＿＿＿＿＿．

② e Rockband　　 Wie findest du ＿＿＿＿＿＿？　Ich finde ＿＿＿＿＿＿．

③ s Konzert　　　 Wie findest du ＿＿＿＿＿＿？　Ich finde ＿＿＿＿＿＿．

Übung 2　3格（〜に）を用いて、気に入っていると表現しなさい。
また代名詞を用いて同様に表現しなさい。

例 r Mann　Das Fußballspiel gefällt **dem Mann** gut.　Das Fußballspiel gefällt **ihm** gut.

① r Sänger Das Konzert gefällt ＿＿＿＿＿ gut.　Das Konzert gefällt ＿＿＿＿ gut.

② e Frau　Der Film gefällt ＿＿＿＿＿ gut.　Der Film gefällt ＿＿＿＿ gut.

③ s Kind　Der Park gefällt ＿＿＿＿＿ gut.　Der Park gefällt ＿＿＿＿ gut.

Übung 3　2格（〜の）を用いて、後ろから前の名詞を修飾しなさい。

例 r Politiker　　　Wessen Haus ist das?　　　Das ist das Haus **des** Politiker**s**.

① r Rocksänger　Wessen Haus ist das?　　　Das ist das Haus ＿＿＿＿＿．

② e Politikerin　　Wessen Auto ist das?　　　Das ist das Auto ＿＿＿＿＿．

③ s Mädchen　　Wessen Hund ist das?　　　Das ist der Hund ＿＿＿＿＿．

30

B　冠詞は状況に応じて使い分ける**必要があります**。

【定冠詞】	Siehst du **den** Kiosk da?	そこの売店が見える？
【不定冠詞】	Ich kaufe **einen** Apfelsaft.	リンゴジュースを1本買うわ。
【無冠詞】	Ich habe Durst.	喉が渇いているの。
【否定冠詞】	Hast du **keinen** Durst?	君は喉乾いてないの？

【定冠詞】	Siehst du **die** Buchhandlung da?	そこの書店が見える？
【不定冠詞】	Ich kaufe **eine** Zeitschrift.	雑誌を1冊買うわ。
【無冠詞】	Ich habe Zeit.	時間があるの。
【否定冠詞】	Hast du **keine** Zeit?	君は時間ないの？

【定冠詞】	Siehst du **das** Theater da?	そこの劇場が見える？
【不定冠詞】	Ich kaufe **ein** Ticket.	チケットを1枚買うわ。
【無冠詞】	Ich habe Interesse.	関心があるの。
【否定冠詞】	Hast du **kein** Interesse?	君は関心ないの？

Übung 4　不定冠詞と否定冠詞の4格（～を）を用いて答えなさい。

例　Hast du **eine** Banane?
　　Nein, ich habe **keine** Banane.　Ich kaufe **eine** Banane.

① Hast du einen Kaugummi?　　Nein, _____.　_____.

② Hast du einen Apfel?　　Nein, _____.　_____.

③ Hast du ein Hustenbonbon?　Nein, _____.　_____.

④ Haben wir eine Zitrone?　　Nein, _____.　_____.

⑤ Haben wir eine Pizza?　　Nein, _____.　_____.

Übung 5　無冠詞の名詞を否定しなさい。

例　Hast du Durst?
　　Nein, ich habe **keinen** Durst.

① Hast du Zeit?　　　　　　Nein, _____.

② Hast du Interesse?　　　　Nein, _____.

③ Hast du Lust?　　　　　　Nein, _____.

④ Hast du Geld?　　　　　　Nein, _____.

⑤ Hast du Fieber?　　　　　Nein, _____.

Lektion 3

C カフェでケーキと飲物を注文し、支払いを済ませるまでのシーンです。

入店
Hallo, ist hier frei?

Ja, bitte.

注文
Haben Sie eine Kuchenkarte?
Ich möchte **einen** Kaffee und **einen** Käsekuchen.
(Ich möchte) **eine Tasse** Kaffee und **ein Stück** Käsekuchen, bitte.
(Ich möchte) **einmal** Kaffee und **einmal** Käsekuchen, bitte.
Das ist alles.

Hier, bitte.

Und Sie?

支払い
Zahlen, bitte!

(Zahlen Sie) zusammen oder getrennt?

個別会計も可
Getrennt, bitte.

チップを上乗せ
Sieben Euro bitte.
Stimmt so.

Vielen Dank.
Auf Wiedersehen!

Getränke	
r Kaffee	€ 2,80
r Tee	€ 2,80
r Orangensaft	€ 3,00
r Apfelsaft	€ 3,00
e Apfelschorle	€ 3,00
e Cola	€ 3,00
r Spezi	€ 3,00
s Mineralwasser	€ 2,50
r Eiskaffee	€ 4,80

Kuchen	
r Käsekuchen	€ 3,00
r Streuselkuchen	€ 3,00
r Mohnkuchen	€ 3,00
r Marmorkuchen	€ 3,00
r Bienenstich	€ 3,00
e Sachertorte	€ 3,00
e Schwarzwälder Kirschtorte	€ 3,00
r Apfelstrudel	€ 5,80
r Kaiserschmarren	€ 8,50

Übung 6 カフェで注文から支払いまでできるか、練習しなさい。
会計時には、代金の１割程度のチップを（自分から）上乗せしなさい。

Gehen wir ins Restaurant!

Gehen wir zu...

Gehen wir in...

r Supermarkt

e Schule

s Restaurant

Gehen wir auf...

r Markt

e Party

s Land

Gehen wir an...

r See

s Meer

Fahren / Gehen wir nach...

Berlin

s Hause

A 移動先を説明する前置詞は使い分けられます。zuとそれ以外との違いを確認しましょう。

Fahren wir **nach** Deutschland!	ドイツへ行こう！
Fahren wir **nach** Berlin!	ベルリンへ行こう！
Gehen wir **zum** (zu+dem) Supermarkt!	スーパーへ行こう！
Gehen wir **in den** Supermarkt!	
Gehen wir **zur** (zu+der) Party!	パーティへ行こう！
Gehen wir **auf die** Party!	
Fahren wir **zum** (zu+dem) Meer!	海へ行こう！
Fahren wir **ans** (an+das) Meer!	
Nein, ich gehe jetzt **nach** Hause.	いや、私はもう家へ帰るわ。

Übung 1 前ページのイラストを見て、「〜へ行こう」と表現しなさい。

① Gehen wir ＿＿＿＿＿＿＿＿＿＿＿＿＿！ 市場へ行こう！

② Gehen wir ＿＿＿＿＿＿＿＿＿＿＿＿＿！ レストランへ行こう！

③ Gehen wir ＿＿＿＿＿＿＿＿＿＿＿＿＿！ 湖へ行こう！

④ Gehen wir ＿＿＿＿＿＿＿＿＿＿＿＿＿！ 学校へ行こう！

⑤ Gehen wir ＿＿＿＿＿＿＿＿＿＿＿＿＿！ 田舎へ行こう！

Übung 2 適切な前置詞と定冠詞を空欄に入れなさい。

例 Wir gehen **ins** Café.

① Wir gehen ＿＿＿＿＿ Kaufhaus. Da kaufe ich eine Handtasche.

② Jonas geht ＿＿＿＿＿ Imbiss. Da isst er eine Currywurst.

③ Ben geht ＿＿＿＿＿ Bushaltestelle. Der Bus kommt bald.

④ Emma geht ＿＿＿＿＿ Bahnhof. Sie fährt ＿＿＿＿＿ Frankfurt.

⑤ Ben fährt ＿＿＿＿＿ Biwa-See. Da schwimmt er gern.

⑥ Gehen wir ＿＿＿＿＿ Wald. Da machen wir ein Picknick.

⑦ Ich gehe ＿＿＿＿＿ Post. Da kaufe ich Briefmarken.

⑧ Ich möchte ＿＿＿＿＿ Toilette. Hast du Kleingeld?

⑨ Ich gehe ＿＿＿＿＿ Geldautomaten. Ich möchte Bargeld.

⑩ Gehen wir ＿＿＿＿＿ Stadt! Nein, ich bleibe zu Hause.

Currywurst mit Pommes

B 居場所を説明する前置詞も使い分けられます。移動先を表す前置詞との違いを確認しましょう。

Emma ist **im** (in+dem) Supermarkt. エマはスーパーにいるよ。

Ben ist **auf** der Party. ベンはパーティにいるよ。

Jonas ist **am** (an+dem) Meer. ヨナスは海にいるよ。

Julia ist **am** (an+dem) Geldautomaten. ユリアはATMのところにいるよ。

| **Übung 3** | どの前置詞で居場所を説明しますか。空欄を埋めて、文章を完成させなさい。 |

例 Wo bist du denn? Ich bin jetzt **im** Café.

① Wo bist du denn? Ich bin jetzt _____. 市場にいるよ。

② Wo ist Julia denn? Sie ist jetzt _____. レストランにいるよ。

③ Wo ist Jonas denn? Er ist jetzt _____. 湖畔にいるよ。

④ Wo ist Emma denn? Sie ist jetzt _____. 学校にいるよ。

⑤ Wo sind Mia und Ben denn? Sie sind jetzt _____. 田舎にいるよ。

C ドイツ語の前置詞は何格と結びつくか決まっています。これを前置詞の格支配といいます。

Während des Unterrichts wartet Thomas **auf** mich. 授業の間、トーマスは私を待っている。

Nach dem Unterricht gehe ich **mit** ihm **ins** Café. 授業の後、私は彼とカフェへ行く。

| **Übung 4** | 3格支配の前置詞は、3格と結びつきます。名詞を3格に格変化させなさい。 |

① Kommst du **mit** dem Taxi? タクシーで来るの？

　Nein, **mit** [der Bus / die U-Bahn / das Auto]. いや、[バス/地下鉄/車] で。

② Kommst du **mit** deinem Bruder? お兄さんと来るの？

　Nein, **mit** [mein Freund / meine Freundin / meine Freunde]. いや、友だちと。

③ Kommst du **nach** dem Unterricht? 授業の後に来るの？

　Nein, **nach** [der Test / die Arbeit / das Essen]. いや、[試験/仕事/食事]の後に。

④ Kommst du **am** Nachmittag? 午後に来るの？

　Nein, **an** [der Vormittag / der Mittag / der Abend]. いや、[午前/昼/夕方]に。

⑤ Kommst du **im** Winter? 冬に来るの？

　Nein, **in** [der Sommer / der August]. いや、[夏/8月]に。

| **Übung 5** | 4格支配の前置詞は、4格と結びつきます。名詞を4格に格変化させなさい。 |

① Ich danke dir **für** [der Tipp / die E-Mail / das Essen]. [ヒント/メール/食事]に感謝します。

② Ich warte **auf** [der Besuch / die Antwort / das Ergebnis]. [客/返事/結果]を待っています。

Lektion 4

D　主語を指す再帰代名詞を添えて、他動詞を自動詞のように用いる動詞があります。
決まった前置詞をとる場合があるので、熟語として覚えましょう。

Ich wasche meinen Hund.	私は犬を洗う。
Ich wasche **mich**.	私は自分の身体を洗う。
Ich wasche **mir** die Hände.	私は自分の手を洗う。
Wir treffen unsere Freunde.	私たちは私たちの友人たちと会う。
Wir treffen **uns** in Berlin.	私たちは（お互い）ベルリンで会う。
Du ärgerst mich.	君は私を怒らせる。
Ich ärgere **mich**.	私は怒る。（私は自分を怒らせる）
Ich ärgere **mich über** dich.	私は君のことで怒っている。
Das freut mich.	嬉しいわ。
Ich freue **mich über** das Geschenk.	私はそのプレゼントが嬉しい。
Ich freue **mich auf** den Geburtstag.	私は誕生日を楽しみにしている。

Übung 6　再帰代名詞を補って、文を完成させなさい。

例	Ich dusche **mich**.	私はシャワーを浴びる。
①	Duschst du ＿＿＿ nicht?	君、シャワー浴びないの？
②	Waschen Sie ＿＿＿ nicht?	あなたは身体を洗わないのですか？
③	Ich wasche ＿＿＿ nicht.	私は身体を洗いません。
④	Ich wasche ＿＿＿ nur die Haare.	私は髪だけ洗います。
⑤	Setzen wir ＿＿＿!	座ろうよ！
⑥	Treffen wir ＿＿＿ in Deutschland!	ドイツで会おう！

Übung 7　再帰代名詞を補いなさい。そして前置詞に気をつけながら、問いに答えなさい。

例	Ärgerst du **dich über** Ben?	ベンのことを怒ってる？
	Ja, ich ärgere mich **über** ihn.	うん、彼のことを怒ってるよ。
①	Interessierst du ＿＿＿ **für** das Buch?	君、この本に興味ある？
②	Erinnerst du ＿＿＿ **an** mich?	私のこと覚えてる？
③	Freuen Sie ＿＿＿ **über** seinen Besuch?	彼の訪問を嬉しく思いますか？
④	Freuen Sie ＿＿＿ **auf** die Sommerferien?	夏休みが楽しみですか？
⑤	Konzentrierst du ＿＿＿ **auf** die Arbeit?	仕事に集中してる？

Können Sie mir helfen?

Bringen / Holen / Kaufen / Geben Sie mir...

| einen Teller Fisch | eine Portion Salat | ein Glas Wasser | ein Kilo Äpfel |

Öffnen / Schließen Sie...

| r Koffer | e Flasche | e Tür | s Buch |

Nein, das ist nicht erlaubt.

| rauchen | telefonieren | essen und trinken |

Gehen Sie...

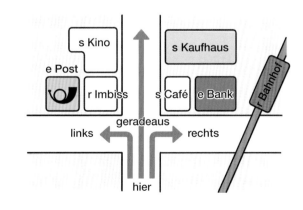

s Kino
s Kaufhaus
e Post
r Imbiss
s Café
e Bank
r Bahnhof
geradeaus
links
rechts
hier

A 命令形を用いて、道案内をしましょう。

 Wo ist die Bank?
(=Wie komme ich zur Bank?)

Das ist ganz einfach.
Gehen Sie hier geradeaus,
dann rechts. Da ist die Bank.

Übung 1 前ページの地図を見て、道案内をしなさい。

① Wo ist der Bahnhof?　　Das ist ganz einfach. **Gehen Sie** ＿＿＿＿＿＿＿＿＿＿＿＿.

② Wo ist die Post?　　　　Das ist ganz einfach. ＿＿＿＿＿＿＿＿＿＿＿＿＿＿＿.

③ Wo ist das Kaufhaus?　Das ist ＿＿＿＿＿＿＿＿＿＿＿＿＿＿＿＿＿＿＿＿.

 B Gehen Sie は Sie に対する命令形ですが、それ以外に ihr と du に対する命令形があります。

【Sie に対して命令】**Gehen Sie** hier geradeaus!　　　（あなた）ここをまっすぐ行ってください。

【ihr に対して命令】**Geht** hier links!　　　　　　　　（君たち）ここを左へ行きなさい。

【du に対して命令】**Geh** an der Kreuzung rechts!　　（君は）交差点を右に行って。

【Sie に対して命令】**Geben Sie mir** bitte ein Wasser!　　（あなた）水を1つください。

【ihr に対して命令】**Gebt mir** bitte eine Flasche Wasser!　（君たち）水1本ちょうだい。

【du に対して命令】**Gib mir** bitte ein Glas Wasser!　　（君は）水1杯くれ。

Übung 2 「買ってきて」、「持ってきて」、「手渡して」と命令形でお願いしなさい。

① r Kaffee　　② r Kuchen　　③ r Stuhl　　④ e Speisekarte　　⑤ s Salz

Übung 3 「開けてください」と命令形でお願いしなさい。

① r Brief　　　　　② e Sektflasche　　　　　③ s Fenster

24

C 再帰動詞を命令形で用いるときには、再帰代名詞の変化に気をつける必要があります。

sich setzen　　　　　　　　　　　　　　座る（＝自分を座らせる）

　Ich **setze mich** auf das Sofa.　　　　私はソファに座ります。

　【Sie に対して命令】　**Setzen Sie sich** bitte!　　（あなた）お座りなさい。

　【ihr に対して命令】　**Setzt euch** bitte!　　（君たち）座ってくれよ。

　【du に対して命令】　**Setz dich** bitte.　　（君は）座ってくれ。

Übung 4　再帰動詞を３種類の命令形で表現しなさい。

① Ich **melde mich** wieder.　　　　　また連絡します。

② Ich **entspanne mich** zu Hause.　　家でリラックスしてます。

③ Ich **erhole mich** gut.　　　　　　たっぷり休養をとってます。

D 助動詞 können を用いて「してくれますか」、「していいかしら」とお願いすることもできます。

Geben Sie mir bitte den Schlüssel!　　その鍵を渡してください。

Können Sie mir bitte den Schlüssel **geben**?　　その鍵を渡してくれますか。

Kann ich das Wörterbuch **haben**?　　その辞書を見せてもらえますか。

Kann ich den Kugelschreiber **benutzen**?　　そのペンを使用していいですか。

Übung 5　助動詞 können を用いて、「〜してくれますか」などお願いしなさい。

① 　② 　③ 　④ 　⑤

s Fahrrad　　　e Jacke　　　e Brille　　　r Weißwein　　　s Geschenk

Ja, gern!

Hier, bitte!

Ja, natürlich!

Ja, sicher!

Ja, selbstverständlich!

E 助動詞は人称変化します。助動詞それぞれの変化形を文法ページで確認しましょう。

【好み】	Ich **mag** Gemüse.	私は野菜が好きです。
【希望】	Ich **möchte** einen Teller Erbsensuppe.	エンドウ豆スープを1皿欲しいんですが。
【許可】	Sie **dürfen nicht** mehr **essen**.	あなたはこれ以上食べてはいけません。
【主語以外の意思】	**Soll** ich eine Tasse Tee **bestellen**?	紅茶を1杯注文しましょうか？
【勧誘】	**Wollen wir** spazieren **gehen**!	散歩に行きましょう！
【義務】	Ich **muss** jetzt nach Hause **gehen**.	私はもう家に帰らなければいけません。

Übung 6　助動詞 wollen と sollen を用いて、「〜しましょう」と促しなさい。

① 　② 　③ 　④  　⑤

e Zeitung　　s Brötchen　　e Tasche　　r Park　　s Haus

Übung 7　助動詞 dürfen を用いて、「してはいけません」と禁止事項を伝えなさい。

Sie **dürfen** hier **nicht** schwimmen.　　あなたはここで泳いではいけません。

Das ist nicht erlaubt.　　それは許可されていないのです。

① 　② 　③ 　④ 　⑤

parken　　fotografieren　　Fahrrad fahren　　Fußball spielen　　den Rasen betreten

Übung 8　どのような返答が考えられますか。a.〜e. から選びなさい。

① Kann ich den Computer benutzen?　　a. Morgen geht es nicht. Am Freitag habe ich frei.

② Wollen wir morgen ins Museum gehen!　　b. In Ordnung, das mache ich nicht.

③ Kannst du das Fahrrad reparieren?　　c. Das ist sehr nett von Ihnen. Ich trinke gern Tee.

④ Soll ich Ihnen eine Tasse Tee bringen?　　d. Tut mir leid, aber jetzt benutze ich ihn.

⑤ Du darfst hier nicht schwimmen.　　e. Leider habe ich jetzt keine Zeit. Das mache

　　Das ist verboten.　　　　ich später.

Wann treffen wir uns?

Kalender Mai						
Mo	Di	Mi	Do	Fr	Sa	So
1	2	3	4	5	6	7
8	9	10	11	12	13	14
15	16	17	18	19	20	21
22	23	24	25	26	27	28
29	30	31	🍀	🍀	🍀	🍀

A 時刻表現には、分刻みで伝える24時間制と、日常で使われる12時間制の2種類があります。12時間制（〜分すぎ、〜分まえ）を用いて、時刻を発音してみましょう。

Wie spät ist es jetzt?

Wie viel Uhr ist es jetzt?

（まえ）　　　　（すぎ）
12
vor　　nach
viertel　9　　　　3　viertel
nach　　vor
6
（すぎ）　　　　（まえ）
halb

	12 時間制	24 時間制
【13:00】	Es ist eins.	Es ist dreizehn Uhr.
【13:05】	Es ist **fünf nach** eins.	Es ist dreizehn Uhr fünf.
【13:10】	Es ist **zehn nach** eins.	Es ist dreizehn Uhr zehn.
【13:15】	Es ist **Viertel nach** eins.	Es ist dreizehn Uhr fünfzehn.
【13:20】	Es ist **zwanzig nach** eins.	Es ist dreizehn Uhr zwanzig.
【13:25】	Es ist **fünf vor halb** zwei.	Es ist dreizehn Uhr fünfundzwanzig.
【13:30】	Es ist **halb** zwei.	Es ist dreizehn Uhr dreißig.
【13:35】	Es ist **fünf nach halb** zwei.	Es ist dreizehn Uhr fünfunddreißig.
【13:40】	Es ist **zwanzig vor** zwei.	Es ist dreizehn Uhr vierzig.
【13:45】	Es ist **Viertel vor** zwei.	Es ist dreizehn Uhr fünfundvierzig.
【13:50】	Es ist **zehn vor** zwei.	Es ist dreizehn Uhr fünfzig.
【13:55】	Es ist **fünf vor** zwei.	Es ist dreizehn Uhr fünfundfünfzig.

Übung 1 前ページの時計の時刻を発音しなさい。

Übung 2 時刻を聴き取りなさい。

① Wann kommt Paul?　　　　　　　　Er kommt um _____.

② Wann kommt Marie?　　　　　　　　Sie kommt um _____.

③ Wann kommst du nach Hause?　　　Ich komme um _____ nach Hause.

④ Wann sehen wir uns?　　　　　　　Wir sehen uns um _____.

⑤ Wann essen wir heute zu Abend?　Gegen _____ essen wir.

⑥ Wann ist die Party zu Ende?　　　Gegen _____ ist sie zu Ende.

⑦ Um wie viel Uhr öffnet das Kaufhaus?　Um _____ öffnet es.

⑧ Um wie viel Uhr schließt das Kaufhaus?　Um _____ schließt es.

⑨ Um wie viel Uhr beginnt der Unterricht?　Um _____ beginnt er.

⑩ Um wie viel Uhr endet der Unterricht?　Um _____ endet er.

B 日付は序数を用いて「第何番目の日」と表現されます。そのあとには格変化語尾がつきます。

> Der Wievielte ist heute?
>
> Welcher Tag ist heute?

> Heute ist **der fünfzehnte** Mai.
>
> Heute ist **Montag**.

【5月1日】 Heute ist **der erste** Mai.   **Am ersten** Mai habe ich einen Termin.
【5月2日】 Heute ist **der zweite** Mai.   **Am zweiten** Mai habe ich einen Termin.
【5月3日】 Heute ist **der dritte** Mai.   **Am dritten** Mai habe ich einen Termin.
【5月4日】 Heute ist **der vierte** Mai.   **Am vierten** Mai habe ich ein Treffen.
【5月5日】 Heute ist **der fünfte** Mai.   **Am fünften** Mai habe ich ein Treffen.
               :   :
【5月19日】 Heute ist **der neunzehnte** Mai.   **Am neunzehnten** Mai habe ich ein Date.
【5月20日】 Heute ist **der zwanzigste** Mai.   **Am zwanzigsten** Mai habe ich ein Date.

Übung 3   曜日を聴きとって、スペルを書きなさい。

Mo _____   Di _____   Mi _____   Do _____
Fr _____   Sa _____   So _____

Übung 4   日付はアラビア数字で書かれますが、序数の発音をしなければいけません。
省略された曜日と日付を綴り、発音しなさい。

例 Di, 16.05.   Heute ist **Dienstag, der sechzehnte** Mai.
① Mi, 17.05.   Heute ist _____ .
② Do, 18.05.   _____ .
③ Fr, 12.05.   _____ .
④ Sa, 06.05.   _____ .
⑤ So, 21.05.   _____ .

Übung 5   任意の日付を入れて、問いに答えなさい。

例 Wann hast du Geburtstag?   **Am siebzehnten** Mai habe ich Geburtstag,
① Wann hast du Geburtstag?   _____ .
② Wann hast du einen Termin?   _____ .
③ Wann hast du ein Treffen?   _____ .
④ Wann hast du ein Date?   _____ .
⑤ Wann hast du eine Prüfung?   _____ .

金曜はどうかな
Hast du am Freitag **Zeit**?
Hast du Pläne für Freitag?
Was machst du am Freitag?

金曜はいけるわ
Am Freitag **habe ich Zeit**.
Am Freitag **habe ich nichts Besonderes** vor.
Freitag **ist okay**.

何をしようか
Was möchtest du machen?
Hast du einen Wunsch?
Hast du Lust auf eine Pizza?

ピザいいわね
Ich habe Lust auf eine Pizza.
Ich möchte gern ins Restaurant gehen.

いや、どちらかといえば
Ich habe keine Lust dazu.
Ich möchte lieber ins Museum gehen.
Ich möchte am liebsten in die Japan-Ausstellung gehen.

待ち合わせは
Wann hast du Zeit?
Wann können wir uns treffen?
Vielleicht **treffen wir uns** um 17 Uhr am Bahnhof.

バッチリよ
Das **ist ideal**.
17 Uhr **ist super** (für mich).
Das passt mir sehr gut.

ダメなのよ
Um 17 Uhr **kann ich leider nicht**.
Geht es auch um 18 Uhr?
Samstag **ist besser**.
Kannst du den Termin **auf** Samstag **verschieben**?

Übung 6　友人と週末のプランを立てなさい。

Wann stehst du auf?

aufstehen

frühstücken

den Bus verpassen

an der Uni ankommen

eine Vorlesung besuchen

sich in der Mensa unterhalten

am Unterricht teilnehmen

einkaufen

nach Hause zurückkommen

das Zimmer aufräumen

ihre Mutter anrufen

fernsehen

Lektion 0
Lektion 1
Lektion 2
Lektion 3
Lektion 4
Lektion 5
Lektion 6
Lektion 7
Lektion 8
Lektion 9
Lektion 10

50

【分離動詞】aufstehen（起床する）

> Wann **stehst** du **auf**?
>
> **Steh auf**!

Ich **stehe** bald **auf**.

Ich kann nicht **aufstehen**.

【非分離動詞】be**suchen**（訪問する）

> **Besuchst** du die Vorlesung?
>
> **Besuch** sie!

Ich be**suche** sie nicht.

Ich möchte sie nicht be**suchen**.

Übung 1　アクセントの位置を意識しながら、前ページの動詞を発音しなさい。

Übung 2　時刻を尋ねる疑問文を作りなさい。

① 起床　　Wann stehst du gewöhnlich auf?　ふだんは何時に起きているの？

② 大学到着　Wann _____ ?

③ 授業　　_____ ?

④ 買物　　_____ ?

⑤ 帰宅　　_____ ?

⑥ 電話　　_____ ?

⑦ テレビ　_____ ?

Übung 3　あなたの1日を語りなさい。必要に応じて副詞を添えること。

Zuerst...（最初に）

Dann...（それから）

Danach...（そのあと）

Zum Schluss...（最後に）

immer（いつも）

meistens（たいてい）

oft（しばしば）

manchmal（ときどき）

B zu不定詞はzu不定詞句（関連する諸要素のまとまり）の最後に置かれます。
分離動詞の場合は、前綴りと基礎動詞の間にzuが入るので注意しましょう。

Es ist wichtig, <u>jeden Tag die Schule</u> **zu besuchen**.　毎日学校に行くことは重要だ。

Ich habe vor, <u>morgen früh</u> **aufzustehen**.　　　　　明日は早く起きる予定である。

Ich habe keine Zeit, <u>Hausaufgaben</u> **zu machen**.　宿題をする時間がない。

Übung 4　明日の予定をzu不定詞で表現しなさい。

例 7時に朝食　　　　　Morgen habe ich vor, um 7 Uhr **zu** frühstücken.

① 8時45分に大学着　　Morgen habe ich vor, _____.

② 9時に講義　　　　　Morgen _____.

③ 16時30分に買物　　_____.

④ 17時に帰宅　　　　_____.

⑤ 21時頃に君に電話　_____.

Übung 5　選択肢から表現を選び、zu不定詞にして下線部に入れなさい。

例 Ich habe keine Lust, fern**zu**sehen.　　　　　　テレビを見る気にならない。

① Bald kommt die Mittagspause.

　Hast du Lust, _____?

② Das Wetter ist schön.

　Hast du Lust, _____?

③ Meine Mutter möchte dich wiedersehen.

　Hast du heute Zeit, _____?

④ Ich habe viel zu tun.

　Hast du vielleicht Zeit, _____?

⑤ Das Restaurant sieht aber teuer aus.

　Hast du genug Geld, _____?

ein Picknick machen
　　ピクニックする
die Unterlagen kopieren
　　書類をコピーする
uns einladen
　　私たちを招待する（おごる）
bei mir vorbeikommen
　　うちに寄る
mit mir essen gehen
　　私と食事に行く

Übung 6　zu不定詞を用いて、友人を外出に誘いなさい。

Hast du Lust, heute Abend mit mir ins Konzert **zu** gehen?

Ja, ich habe Lust dazu. Gehen wir!

Leider kann ich nicht mitkommen. Ich habe vor, für die Prüfung **zu** lernen.

C メールや手紙には書き方のルールがあります。冒頭の呼びかけや末尾の挨拶を覚えましょう。

【名前を知らない相手に：初めて連絡する企業や団体】

Sehr geehrte Damen und Herren,
mein Name ist Shiro Kumada. Ich studiere an der Universität Z Germanistik. Im Sommer möchte ich einen Sprachkurs in Berlin machen. Können Sie mir bitte die Unterlagen zur Anmeldung schicken? Ich freue mich auf Ihre Antwort und danke Ihnen im Voraus.

Mit freundlichen Grüßen
Shiro Kumada

> 拝啓　関係者各位
>
> 私の名前は熊田四郎と申します。Z大学で独文学を専攻しています。夏にベルリンで語学講座を受講したいのです。申込書を送って頂けますか。お返事お待ちしてますので、よろしくお願いします。
>
> 敬具
> 熊田四郎

【敬語で話す相手に】

Lieber Herr Groß,
Liebe Frau Klein,
ich habe vor, im August drei Wochen nach Deutschland zu kommen. Zwei Wochen bin ich bei einem Sprachkurs in Berlin, danach möchte ich zu Ihnen nach Hamburg kommen. Ist Ihnen das recht?

Viele Grüße
Shiro

> 親愛なるグロース様（男性の場合）
> 親愛なるクライン様（女性の場合）
>
> 8月に3週間ドイツに行く予定です。2週間ベルリンの語学講座にいて、そのあとあなたのいるハンブルクへ行こうと思ってます。いかがでしょうか。
>
> 敬具
> 四郎

【仲のよい友人に】

Lieber Martin,
Liebe Anna,
vielen Dank für deine Einladung. Natürlich komme ich zu deiner Party. Am Nachmittag habe ich einen Termin beim Arzt. Vielleicht komme ich etwas später. Ich bringe aber eine Flasche Weißwein mit.

Liebe Grüße
Shiro

> 親愛なるマルティン（男性の場合）
> 親愛なるアンナ（女性の場合）
>
> ご招待ありがとう。もちろん君のパーティに行くよ。午後に医者の予約が入っているから、ひょっとして少し遅れていくかも。でも白ワイン持っていくからね。
>
> 敬具
> 四郎

Übung 7 条件の通りに、友人Stefanにメールを書きなさい。

① 冒頭に呼びかけ、末尾に挨拶と署名を添える
② 週末に行けなくなったことを告げて、その理由を書く
③ そのかわりに食事に行かないかと誘い、日時を具体的に提示する

Warst du schon mal in Berlin?

写真の人気観光スポットはどこにあるでしょう。巻頭のドイツ地図でチェックしましょう。

Ⓐ **ブランデンブルク門**：ドイツの首都にあり、セント硬貨の裏面にも刻まれています。

Ⓑ **マリエン広場**：新市庁舎の仕掛け時計の下には、定時に多くの観光客が集まります。

Ⓒ **ケルン大聖堂**：完成まで600年以上かかった、世界最大のゴシック式大聖堂です。

Ⓓ **ノイシュヴァンシュタイン城**：19世紀にアルプス山麓に建築された白亜の城です。

Ⓔ **ライン川**：両岸には中世の古城が30以上並び、宿泊施設などに利用されています。

A 過去について語るとき、ドイツ語では過去形や現在完了形が用いられます。
それには過去基本形や過去分詞形が必要となるので、作り方のパターンをしっかり覚えましょう。

① 規則動詞

（不定形）−（過去基本形）−（過去分詞形）

spiel**en** – spiel**te** – **ge**spiel**t**

kauf**en** – kauf**te** – **ge**kauf**t**

arbeit**en** – arbeite**te** – **ge**arbeite**t**

規則性があるから、作りやすいかな

② 不規則動詞

（不定形）−（過去基本形）−（過去分詞形）

geh**en** – **ging** – **ge**gang**en**

komm**en** – **kam** – **ge**komm**en**

seh**en** – **sah** – **ge**seh**en**

規則性がないから、調べながら覚えよう

③ 分離動詞

（不定形）−（過去基本形）−（過去分詞形）

einkauf**en** – kauf**te**...ein – ein**ge**kauf**t**

ankomm**en** – **kam**...an – an**ge**komm**en**

fernseh**en** – **sah**...fern – fern**ge**seh**en**

前綴りを外して、考えてみればいいか

④ アクセントが最初にこない動詞

（不定形）−（過去基本形）−（過去分詞形）

besuch**en** – besuch**te** – besuch**t**

unterhalt**en** – unter**hielt** – unter**halt**en

studier**en** – studier**te** – studier**t**

過去分詞に **ge-** がつかないのが特徴ね

Übung 1 動詞の過去基本形と過去分詞形を書きなさい。

分類	意味	不定形	過去基本形	過去分詞形
①	する、作る	machen		
①	待つ	warten		
②	食べる	essen		
②	飲む	trinken		
②	持ってくる	bringen		
③	片付ける	aufräumen		
③	電話をかける	anrufen		
③	帰る	zurückkommen		
④	使用する	benutzen		
④	理解する	verstehen		
④	電話で話す	telefonieren		

B 過去形は物語や報告などの書き言葉で、現在完了形は話し言葉で用いられる傾向にあります。ただしsein動詞、haben動詞、話法の助動詞は、話し言葉でもよく過去形で用いられます。

Heute **bin** ich allein zu Hause.	今日、私は1人で家にいる。
Gestern **war** ich mit Mia im Zoo.	昨日、私はミアと動物園にいた。
Hast du heute frei?	今日、君は時間あるのかな？
Hattest du gestern Spaß?	昨日、君は楽しかった？
Heute **können** wir uns leider nicht sehen.	今日、私たちは残念ながら会えない。
Gestern **konnten** wir uns sehr gut verstehen.	昨日、私たちはとてもよく理解しあえた。

Übung 2 動詞の現在形を過去形に直しなさい。人称変化語尾に気をつけること。

例 Ich **bin** in Berlin.   Ich **war** in Berlin.
  Bist du auch in Berlin?   **Warst** du auch in Berlin?

① Wir **sind** Sandkastenfreunde. *   Wir _____.
  Er **ist** so sympathisch.   Er _____.

② Wir **haben** viele Hausaufgaben.   _____.
  Deswegen **habe** ich keine Zeit.   _____.

③ Mein Bruder **will** am Computer spielen.   _____.
  Aber ich **muss** am Computer arbeiten.   _____.

④ Du **sollst** nach Hause gehen.   _____.
  Ich **will** dich nicht stören.   _____.

⑤ Mein Auto **hat** eine Panne.   _____.
  Da **kann** man nichts machen.   _____.

＊幼なじみ

Übung 3 行ったことがあるか尋ね、あれば短い感想を添えなさい。

Warst du schon mal in Deutschland?

Nein, ich **war** noch nie da.

Ja, ich **war** schon mal in Berlin. Das **war** ganz toll.

amüsant	interessant	entpannend	anstrengend	langweilig
楽しい	興味深い	くつろいだ	きつい	つまらない

Der Fall der Mauer

Seit der Vereinigung 1990 ist Berlin wieder die Hauptstadt von Deutschland, aber über 28 Jahre [sein] die Berliner Mauer das Symbol für das geteilte Deutschland und des Kalten Krieges. Von 1945 bis 1990 [geben] es zwei deutsche Staaten: die Bundesrepublik Deutschland (BRD) und die Deutsche Demokratische Republik (DDR). Die innerdeutsche Grenze [verlaufen] im Norden von Travemünde an der Ostsee bis zu der bayerischen Stadt Hof im Süden.

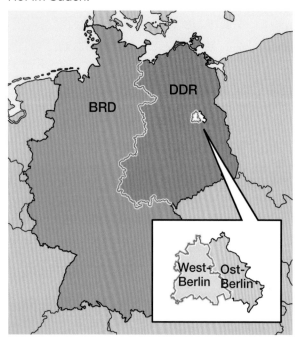

In der DDR [regieren] die Sozialistische Einheitspartei Deutschland (SED). Während des Wirtschaftswunders in Westdeutschland [gehen] viele zum Arbeiten in den Westen, z. B. ins Ruhrgebiet. So [fürchten] die SED einen Arbeitskraftmangel in der DDR. Um diesen Bevölkerungsschwund zu stoppen, [beginnen] am 13. August 1961 der Bau der Berliner Mauer. Die Mauer [verändern] das Leben der Bürger auf beiden Seiten. So [können] plötzlich die Ostberliner nicht mehr morgens nach Westberlin fahren und abends wieder zurückkommen. Mit Hilfe der Stasi [kontrollieren] die SED das Leben der Menschen in der DDR.

Das [machen] viele unzufrieden. Einige DDR-Bürger [wollen] fliehen, aber bewaffnete Soldaten [bewachen] das Sperrgebiet, Es [heißen] Todesstreifen. Auf der Flucht [sterben] allein an der Berliner Mauer über 140 Menschen. Die Mauergeschichte ist ein dunkles Kapitel deutscher Nachkriegsgeschichte. Ende der 1980er Jahre [demonstrieren] mehr und mehr DDR-Bürger friedlich für Freiheit und Demokratie. Unter dem Druck dieser „Friedlichen Revolution" [öffnen] die DDR-Regierung am 9. November die Grenze. Die Mauer [fallen] und Tausende Menschen [kommen] in der Nacht nach Westberlin. West- und Ostberliner [feiern] gemeinsam eine Riesenparty entlang der Mauer. Sie [singen], [tanzen], [jubeln] und [steigen] auf die Mauer. Diese Bilder bleiben unvergesslich.

ベルリンをもっと知るための映画

「善き人のためのソナタ」	(2006)	東独の秘密警察諜報員が市民をスパイしていた時代の話
「トンネル」	(2002)	東独に残った妹を出国させるため兄がトンネルを掘った実話
「バルーン 奇蹟の脱出飛行」	(2018)	手作りの熱気球で東独からの脱出を図った家族の実話
「グッバイ、レーニン！」	(2003)	東独崩壊直後の東ベルリン市民の生活と心境を描いた作品
「コーヒーをめぐる冒険」	(2012)	朝に珈琲を飲み損ねた青年がベルリンで過ごす1日

Was hast du in Berlin gemacht?

Ich habe...

einen Sprachkurs
besucht

das Schloss Cecilienhof
besichtigt

mir die Ausstellung
angesehen

Berliner Weisse **getrunken**

Currywurst **gegessen**

Souvenirs **gekauft**

Ich bin...

nach Berlin **gefahren**

in die Stadt **gegangen**

zurückgekommen

Ich werde...

zum Kaffee
eingeladen

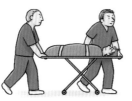

ins Krankenhaus
gebracht

untersucht

58 | **A** | 現在完了形の多くは、haben の現在人称変化と過去分詞を組み合わせて用いられます。

Was **hast** du in Berlin **gemacht**? ベルリンで何をしたの？

 Ich **habe** das Pergamonmuseum **besucht**. ペルガモン博物館を訪問したよ。

 Der riesige Pergamonaltar **hat** mich **überwältigt**. 巨大なペルガモン祭殿に圧倒された。

 Hast du ihn **gesehen**? 君は見たことある？

Übung 1 | 動詞の現在形を現在完了形に直しなさい。

例 Ich **mache** einen Spaziergang.   Ich **habe** einen Spaziergang **gemacht**.

① Wolfgang **besucht** den Reichstag.   Wolfgang _____.

② Er **bucht** das Ticket online.   _____.

③ Hildegard **kauft** im Ampelmann-Shop **ein**. _____.

④ Sie **kauft** eine Einkaufstasche.   _____.

⑤ Die Tasche **gefällt** ihr besonders gut.   _____.

⑥ Am Imbiss **essen** wir Currywurst.   _____.

⑦ Das **schmeckt** sehr gut.   _____.

⑧ **Trinkst** du Berliner Weisse?   _____.

⑨ Das **probiere** ich.   _____.

⑩ Ich **vergesse**, zum Supermarkt zu gehen. _____.

das Pergamonmuseum

der Ampelmann-Shop

das Reichstagsgebäude

 59 | **Übung 2** | 上の練習の表現を用いて、経験があるか尋ねなさい。

Hast du schon das Reichstagsgebäude besucht?

Hast du ...?

Nein, das habe ich noch nicht besucht.

Ja, ich habe...

60 **B** 移動の動詞などは、sein の現在人称変化と過去分詞を組み合わせて現在完了形を作ります。
habenをとるかseinをとるかは、辞書で確認する必要があります。

Wohin **bist** du am Sonntag **gefahren**?　　　　　日曜はどこに行ったの？

　　Ich **bin** nach Potsdam **gefahren**.　　　　　　ポツダムに行った。

Wann **bist** du ins Hotel **zurückgekommen**?　　　何時にホテルに戻ったの？

　　Ich **bin** spät in der Nacht **zurückgekommen**.　夜中に帰ってきた。

Übung 3	動詞の現在形を現在完了形に直しなさい。

例　Ich **gehe** spazieren.　　　　　　　　　　Ich **bin** spazieren **gegangen**.

① Wohin **gehst** du heute?　　　　　　　　Wohin _____?

② Ich **gehe** mit Hildegard ins DDR-Museum.　_____.

③ Dann **fahren** wir mit dem Schiff auf der Spree.　_____.

④ Zu Mittag **gehen** wir zusammen essen.　_____.

⑤ Nach dem Essen **geht** Hildegard in den Zoo.　_____.

⑥ Ich **fahre** mit dem Lift auf den Fernsehturm.　_____.

⑦ Danach **fahre** ich zur East Side Gallery.　_____.

⑧ Am Abend **kommt** Jacob zu Besuch.　_____.

⑨ Seine LINE-Nachrichten **kommen** bei mir **an**.　_____.

⑩ Seine Freundin **bleibt** allein zu Hause.　_____.

der Fernsehturm　　das DDR-Museum an der Spree　　die East Side Gallery

 61 | **Übung 4** | 上の練習の表現を用いて、行ったことがあるか尋ねなさい。 |
|---|---|

Bist du schon mal ins DDR-Museum gegangen?

Bist du ...?

Nein, ich bin noch nicht ...

Ja, ich bin ...

C 受動態もまた過去分詞を用いて表現されます。
「～される行為」を表す動作受動と、「～されたあとの状態」を表す状態受動があります。

Meine Mutter **kocht** Gulaschsuppe.	私の母がグーラシュを作っている。
Meine Mutter **hat** Gulaschsuppe **gekocht**.	私の母がグーラシュを作った。
Die Gulaschsuppe **wird gekocht**.	グーラシュが作られる。
Die Gulaschsuppe **ist** schon **gekocht**.	グーラシュはすでに作られている。

Die Suppe **wird gekocht**.

Die Suppe **ist gekocht**.

Übung 5　　「～される」と動作受動で言いかえなさい。

Wir möchten dich gerne zum Essen **einladen**.

Juhu, ich **werde** zum Essen **eingeladen**!

① Wir **holen** dich vom Bahnhof **ab**.　　Ich _____.

② Wir **feiern** eine Party. _____.

③ Wir **grillen** im Garten Fleisch. _____.

④ Wir **schmücken** das Zimmer mit Blumen. _____.

⑤ Wir **bringen** dich wieder zum Bahnhof. _____.

Übung 6　　「もうされている」と状態受動で答えなさい。

Kannst du das Fenster **öffnen**?

Das Fenster **ist** schon **geöffnet**.

① Kannst du die Tür **abschließen**?　　Die Tür _____.

② Kannst du die Küche **aufräumen**? _____.

③ Kannst du die Heizung **einschalten**? _____.

④ Kannst du die Datei **herunterladen**? _____.

⑤ Kannst du das Handy **ausschalten**? _____.

Ich bleibe drinnen, wenn es regnet.

Wie ist das Wetter?

🎧 65

Es ist sonnig.

Es ist wolkig.

Es ist bedeckt.

Es regnet.

Es schneit.

Es blitzt und donnert.

Es ist kalt.

Es ist kühl.

Es ist warm.

Es ist heiß.

Wie ist deine Wohnung?

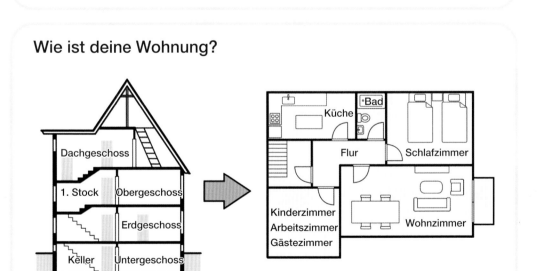

Dachgeschoss

1. Stock   Obergeschoss

Erdgeschoss

Keller   Untergeschoss

Küche

Bad

Flur   Schlafzimmer

Kinderzimmer
Arbeitszimmer
Gästezimmer

Wohnzimmer

A メインの文章（主文）にサブの文章（副文）をつなげるとき、従属接続詞が用いられます。副文の中では動詞が後置されます。

Ich komme morgen nicht, **weil** ich zu tun **habe**.　　やるべきことがあるので、明日は来ません。

Ich weiß, **dass** du mit Mia in den Freizeitpark **gehst**.　君がミアと遊園地に行くこと、知ってるよ。

Ich freue mich sehr, **wenn** du morgen **kommst**.　　君が明日来てくれるなら、とても嬉しいが。

Wenn es nicht **regnet**, kann ich kommen.　　　　雨が降らなければ、来られます。

Übung 1 　従属接続詞weil（〜なので）を用いて、パーティに参加できない理由を述べなさい。

例　Ich habe Grippe.　　　　　　　Ich kann nicht zur Party, **weil** ich Grippe **habe**.

① Ich habe verschlafen.　　　　　Ich kann nicht zur Party, ＿＿＿＿＿＿＿＿＿＿.

② Ich habe den Termin vergessen. ＿＿＿＿＿＿＿＿＿＿＿＿＿＿＿＿.

③ Ich habe morgen eine Prüfung.　＿＿＿＿＿＿＿＿＿＿＿＿＿＿＿＿.

④ Ich bin sehr beschäftigt.　　　　＿＿＿＿＿＿＿＿＿＿＿＿＿＿＿＿.

⑤ Ich hatte einen Unfall.　　　　　＿＿＿＿＿＿＿＿＿＿＿＿＿＿＿＿.

Übung 2 　従属接続詞dass（〜ということ）を用いて、文を接続させなさい。

例　Ich habe gehört.　Es gibt eine Prüfung.　Ich habe gehört, **dass** es eine Prüfung **gibt**.

① Hast du gehört?　Der Unterricht fällt heute aus.　＿＿＿＿＿＿＿＿＿＿＿＿?

② Ich wusste nicht.　Frau Klein ist krank.　　　＿＿＿＿＿＿＿＿＿＿＿＿.

③ Ich glaube nicht.　Sie liegt im Krankenhaus.　＿＿＿＿＿＿＿＿＿＿＿＿.

④ Sie weiß nicht.　Ich habe die Prüfung bestanden.　＿＿＿＿＿＿＿＿＿＿＿＿.

⑤ Hast du gemerkt?　Ich liebe dich nicht mehr.　＿＿＿＿＿＿＿＿＿＿＿＿?

 Übung 3 　従属接続詞wenn（〜なら）を用いて、天候に応じた週末のプランを語りなさい。

Was machen wir am Sonntag, **wenn** es sonnig **ist**?

Wenn es sonnig **ist**, möchte ich gerne ein Picknick machen.

sich Youtube Videos ansehen ユーチューブを見る　　einen Ausflug machen ハイキングする

lange schlafen und faulenzen 寝過ごして怠ける　　eine Radtour machen サイクリングする

mit meiner Familie Zeit verbringen 家族と時間を過ごす　ein Grillfest organisieren 焼肉を企画する

B 定関係代名詞は格変化します。性は先行する名詞にあわせ、格は続く副文内の役割で決定します。主文との関係性を持たせるため、前置詞が添えられることもあります。

Das ist der Ring, <u>den</u> ich von meinem Freund **bekommen habe**. これは男友達にもらった指輪よ。

Das ist die Kette, <u>die</u> ich im Kaufhaus **gekauft habe**. これは百貨店で買ったネックレスよ。

Das ist das Buch, <u>das</u> ich im Internet **gefunden habe**. これはオンラインで見つけた本よ。

Das ist das Schlafzimmer, <u>in dem</u> die Kinder **schlafen**. これは子供たちが寝てる寝室よ。

= Das ist das Schlafzimmer, <u>wo</u> die Kinder **schlafen**.

場所はwoで言い換えてもいいのか

Übung 4 性と格を考えて、関係代名詞を補いなさい。

例 Das ist der Hund, **den** ich seit sieben Jahren habe. これは7年飼っている犬よ。

① Das ist die Katze, _____ ich seit zwölf Jahren habe. これは12年飼っている猫よ。

② Das ist das Auto, _____ ich seit fünfzehn Jahren fahre. これは15年乗っている車よ。

③ Das ist der Computer, _____ ganz neu und praktisch ist. これは最新の便利なパソコンよ。

④ Das ist die Dame, _____ als Volunteer arbeitet. こちらはボランティアの女性よ。

⑤ Das ist das Kind, _____ auf dem Spielplatz geweint hat. これは遊び場で泣いてた子供よ。

Übung 5 選択肢から説明を選び、関係文を用いて部屋の用途を述べなさい。

例 Das ist das Schlafzimmer, **wo** wir schlafen.

① Das ist das Wohnzimmer, _____. a. Ich sonne mich manchmal.

② Das ist das Kinderzimmer, _____. b. Wir duschen und erfrischen uns.

③ Das ist das Badezimmer, _____. c. Wir kochen und frühstücken.

④ Das ist die Küche, _____. d. Die Kinder schlafen und spielen.

⑤ Das ist der Balkon, _____. e. Wir sehen am Abend fern.

Übung 6 知っている人かどうか、関係文を用いて尋ねなさい。

Kennst du **den Mann**, **der** da steht?

Nein, den kenne ich nicht.

Kennst du **die Dame**, **die**...

Ja, die kenne ich.

メールを読み、指示の通りに空欄を埋めて、文章を完成させなさい。

① darauf, daran, dass, deshalb, während, weil のいずれかを入れなさい。

Sehr geehrter Herr Groß,

ich bin gut in Japan angekommen. Bis heute hatte ich viel zu tun, ⓐ_____ schreibe
ich Ihnen erst heute. Ich danke Ihnen für Ihre Hilfe ⓑ_____ meiner Zeit in Berlin.
Der Sprachkurs war sehr interessant für mich, ⓒ_____ ich viel über die deutsche
Sprache und Kultur lernen konnte. Ich habe auch viele Freunde aus verschiedenen
Ländern gefunden. Ich hatte jeden Tag Spaß und ich denke hier in Japan oft
ⓓ_____.
Im nächsten Jahr komme ich wieder als Austauschstudent nach Deutschland.
ⓔ_____ freue ich mich schon. Ich hoffe, ⓕ_____ ich Sie dann wiedersehen
kann.

Mit freundlichen Grüßen
Shiro Kumada

② 指定された語を用いて、文章を完成させなさい。

  ⓐ ich, sich freuen, darüber

  ⓑ ich, daran denken, gern, deshalb

  ⓒ ich, schon, um 20 Uhr, nach Hause gehen, müssen, dass

Liebe Anna,

vielen Dank nochmals für die Einladung. ⓐ_____.
Es tut mir leid, dass ich wegen meines Arzttermins später gekommen bin. Deine
Party fand ich toll, weil ich endlich wieder tanzen konnte und das Essen lecker
schmeckte. Auf deiner Party habe ich auch nette Leute kennengelernt,
ⓑ_____. Ich hatte wirklich viel Spaß.
Es war schade, ⓒ_____.
Darüber ärgere ich mich ein bisschen. Um wie viel Uhr war die Party denn zu Ende?
Am nächsten Samstag habe ich Geburtstag. Ich möchte mit meinen Freunden ins
Kino gehen. Komm doch bitte auch mit.

Viele Grüße
Shiro

Speisekarte

(　) Schweinshaxe mit Knödel und Sauerkraut

(　) Bratwurst mit Sauerkraut

(　) Gulasch mit Spätzle

(　) Wiener Schnitzel mit Bratkartoffeln

(　) Schweinebraten mit Knödel

(　) Sauerbraten mit Knödel und Rotkohl

A. ウィーン風カツレツ　　**B.** 豚のロースト　　**C.** パプリカ入り肉シチュー

D. 豚の骨付きすね肉　　**E.** 酢漬け牛肉のロースト　**F.** 焼きソーセージ

大皿の肉料理が多いドイツ料理。ジャガイモやキャベツが副菜
でついてきます。どんな料理なのか、写真を見てわかるかな。

Kuchenkarte

A. _____

B. _____

C. _____

D. _____

E. _____

F. _____

どれもボリュームたっぷり！種類もたくさんあるので、ショーケースの前で迷います。3課のメニューで名称を調べてね。

第2部

文法を確認しよう

Lektion 1　動詞の現在人称変化

1　ドイツ語の動詞はすべて人称変化する

ドイツ語の動詞はすべて、主語の人称と数によって変化します。これを**人称変化**といいます。
多くの動詞は**規則動詞**で、人称変化は語尾によって表されます。

【1人称 (話し手)】	**Ich** trink**e** Kaffee.	私はコーヒーを飲む。
【2人称 (聞き手)】*	**Du** trink**st** Tee.	君はお茶を飲む。
【3人称 (その他)】	**Anna** trink**t** Saft.	アナはジュースを飲む。

＊2人称は、話者同士の間柄によって、**親称**と**敬称**が区別されます。
【親称 (du, ihr)】 距離感のない間柄 (家族、恋人、友人、ペット、若者同士、神様など) で用いる。
【敬称 (Sie)】 距離感のある間柄 (目上の人、初対面の人、顧客など) で用いる。頭文字Ｓは大文字。

<table>
<tr><th colspan="5">規則動詞の現在人称変化</th></tr>
<tr><td colspan="5">trink (英 drink) + en ＝ trinken (飲む)
語幹　　　　語尾　　不定詞 (辞書に載っている形)</td></tr>
<tr><th colspan="1">人称＼数</th><th colspan="2">単　数</th><th colspan="2">複　数</th></tr>
<tr><td>1人称</td><td>私は</td><td>**ich** trinke Tee</td><td>私たちは</td><td>**wir** trinken* Tee</td></tr>
<tr><td>2人称 (親称)</td><td>君は</td><td>**du** trinkst Tee</td><td>君たちは</td><td>**ihr** trinkt Tee</td></tr>
<tr><td>3人称</td><td>彼・彼女・それは</td><td>**er/sie/es** trinkt Tee</td><td>彼らは</td><td>**sie** trinken* Tee</td></tr>
<tr><td>2人称 (敬称)</td><td>あなたは</td><td>**Sie** trinken* Tee</td><td>あなたたちは</td><td>**Sie** trinken* Tee</td></tr>
</table>

＊ tun など **-n** で終わる動詞は、ここでも **-n** となる。

2　発音の関係上、スペルが少し変わる動詞もある

① 語幹が -d, -t, -chn, -tm, -ffn などに終わる動詞は、語尾 -t の前に -e を入れて発音しやすくする。
　　arbeiten: er arbeit**e**t 　　(×) er arbeitt 　　彼は働く
② 語幹が -s, -ss, -ß, -tz, -z などに終わる動詞は、語尾 -st の s が消える。
　　reisen: 　du rei**s**t 　　(×) du rei**ss**t 　　君は旅行する
③ 語幹が -el に終わる動詞は、1人称単数で語幹の -e が消えることが多い。
　　lächeln: 　ich läch**(e)**le 　　　　　　　　私はほほえむ

3　ドイツ語の現在形は、どういう状況で使われるか

① **習慣** 　　　　Ich trinke jeden Morgen Tee. 　　私は毎朝お茶を飲む。
② **現在進行** 　　Ich trinke gerade Tee. 　　　　私はお茶を飲んでいるところだ。
③ **(近)未来** 　　Ich trinke heute Tee. 　　　　今日はお茶を飲むよ。

> ドイツ語は現在形で未来が語れるんだ

④ 語尾だけでなく、語幹まで変化してしまう不規則動詞もある

2・3人称単数で幹母音が変わる動詞や不規則な動詞があります。

さまざまな変化パターンがあるので、巻末の不規則動詞変化表で確認しましょう。

動詞 人称	幹母音が変わる動詞				重要な不規則動詞			
	schlafen（英sleep）		essen（英eat）		sein（英be）		haben（英have）	
	単　数	複　数	単　数	複　数	単　数	複　数	単　数	複　数
1人称	schlafe	schlafen	esse	essen	bin	sind	habe	haben
2人称（親称）	schläfst	schlaft	isst	esst	bist	seid	hast	habt
3人称	schläft	schlafen	isst	essen	ist	sind	hat	haben
2人称（敬称）	schlafen		essen		sind		haben	

⑤ 疑問文には、どういう種類があるか

① **決定疑問文**：「はい／いいえ」で答えられる疑問文

Bist du müde?	**Ja**, ich bin müde.	疲れてる？	ええ、疲れてるわ。
	Nein, ich bin **nicht** müde.		いえ、疲れてないわ。
Bist du **nicht** müde?	**Doch**, ich bin müde.	疲れてないの？	いえ、疲れてるわ。
	Nein, ich bin **nicht** müde.		いえ、疲れてないわ。

② **補足疑問文**：疑問詞を添える疑問文

Was trinkst du?	Ich trinke Kaffee.	何を飲む？	コーヒーを飲むよ。

⑥ 動詞の位置には決まりがある

人称変化した動詞を**定動詞**といいます。ドイツ語では定動詞の位置が大切です。

平叙文と補足疑問文では2番目に位置します。これを**定動詞第2位**といいます。

Was **isst** du jeden Morgen?	毎朝、何食べる？［補足疑問文］
Jeden Morgen **esse** ich Brot und trinke Kaffee.	毎朝、パンとコーヒーだよ。
Isst du nicht gern Reis?	ご飯は好きでないの？［決定疑問文］
Doch, abends **esse** ich immer Reis.	いや、晩はいつもご飯だよ。

⑦ 否定の nicht、副詞の gern はどこにおけばいいか

修飾する語の前に置きます。文末のnichtは定動詞を否定します。

Ich arbeite **nicht.**	仕事はしてないよ。［全文否定］
Ich arbeite **nicht** heute.	今日は、仕事はないよ。［部分否定］
Was machst du **gern**?	何をするのが好き？
Ich spiele **gern** Fußball.	サッカーが好き。
Ich spiele **nicht gern** Baseball.	野球は好きじゃない。

Lektion 2 名詞の性と複数

1 ドイツ語の名詞にはすべて性がある

ドイツ語の名詞にはすべて、**文法上の性**（男性・女性・中性）があり、名詞ごとに決まっています。
この性は生物学上の性とは関係がないので、辞書で調べて暗記する必要があります。
文法上の性に合わせて冠詞も変化します。合成名詞の性は、一番後ろの名詞の性と一致します。

【男性】**Der Kuchen** ist lecker. 　　　このケーキはおいしい。
【女性】**Die Suppe** ist heiß. 　　　　このスープは熱い。
【中性】**Das Roggenbrot** ist frisch. 　このライ麦パンは焼き立てだ。

2 ドイツ語の名詞の性は、どのように見分けるか

名詞の性は、意味や語形から判断できる場合もあります。

	男性名詞　der	女性名詞　die	中性名詞　das
生物学上の性から	Mann 男　Vater 父 Sohn 息子 Onkel 叔父 Eber 雄豚	Frau 女　Mutter 母 Tochter 娘 Tante 叔母 Sau 雌豚	Kind 子供 Baby 赤ん坊 Ferkel 仔豚 （＊子・仔は中性扱い）
語尾や語形から	①-er「（〜する）人・物」 Japaner 日本人男性 Lehrer 教師 Drucker プリンター	①-in 女性形 Japanerin 日本人女性 Lehrerin 女性教師 Studentin 女子学生	①-chen, -lein 「小さい物、かわいい物」 Mädchen 女の子 Röslein 小さい薔薇
	②-enで終わる多くの名詞 Garten 庭 Laden 店 Magen 胃 Ofen ストーブ Wagen 車	②-eで終わる多くの名詞 Hose ズボン Kasse レジ Katze 猫 Nase 鼻 Tüte 袋	②Ge-e　集合概念 Gebäude 建物 Gemälde 絵画 Gemeinde 地方自治体 ③Ge-＋動詞の語幹で 作られた多くの名詞 Gedicht 詩
	③動詞の語幹から作られた多くの名詞 Flug 飛行 Tanz 舞踊 Aufzug エレベーター Eingang 入口 Besuch 訪問	③-ung, -heit, -keit, -schaft, -eiで終わる名詞 Heizung 暖房 Freiheit 自由 Brüderlichkeit 友愛 Gemeinschaft 共同体 Konditorei ケーキ屋	Geschenk 贈物 Gesetz 法律 Gespräch 会話 ④名詞化された動詞 Essen 食事 Leben 生活
その他	四季・月・曜日・方角・気象 Frühling 春　Mai 5月 Freitag 金曜 Osten 東 Schnee 雪　Regen 雨	植物 Tulpe チューリップ Lilie ユリ　Tanne モミ Birne 梨　Traube 葡萄	国名・地名の多く Japan 日本 München ミュンヘン Europa ヨーロッパ

③ 複数形は、どのように作るか

複数形は次の6タイプに分けられます。どのタイプにあたるか、辞書で調べる必要があります。

複数形のタイプ	単数形	辞書表記	複数形	どんな名詞に多いか
① 無語尾型	der Schlüssel （鍵）	-s / -	die Schlüssel	-er, -en, -el に終わる男性名詞に多い
② e型	der Tisch （机）	-es / -e	die Tische	単音節の男性名詞に多い
③ er型	das Tuch （タオル）	-(e)s / ̈er	die Tücher	単音節の中性名詞に多い
④ (e)n型	die Uhr （時計）	- / -en	die Uhren	ほとんどの女性名詞
⑤ s型	das Handy （携帯電話）	-s / -s	die Handys	比較的新しい外来名詞
⑥ 男性弱変化名詞	der Bär （クマ）	-en / -en	die Bären	単数2格で-sがつかない男性名詞

④ 冠詞は、どのように使い分けるか

話し手と聞き手が共に「どれ」であるかを特定できる場合は定冠詞を付けます。
どれか「一つ」を話題にする場合は不定冠詞を付け、「一つ」ではない場合は無冠詞で用います。

① 「どれ」であるかを特定できる場合

Das Hotel ist weltbekannt.　　　　このホテルは世界的に有名です。

Wo ist **das Zimmer 201?**　　　　201号室はどこですか。

② どれか「一つ」を話題にする場合 （可算名詞単数）

Heute ist **ein Zimmer** frei.　　　　本日、1部屋が空いております。

Wie viel kostet **ein Schloss?**　　　　お城ひとつはいくらするのでしょう。

③ 「一つ」ではない場合 （不可算名詞または可算名詞複数）

Du hast **Fieber**.　　　　熱があるね。

Siehst du gern **Filme?**　　　　映画は好き？

④ ジャンルを表す場合

Ben spielt **Geige**.　　　　ベンはヴァイオリンを弾きます。

Mana ist **Japanerin**.　　　　マナは日本人です。

⑤ 中性の国名・町名は無冠詞

Ich komme aus **Frankfurt**.　　　　フランクフルトから来ました。

Deutschland ist 357 400 km^2 groß.　　　　ドイツの広さは357.400㎢です。

⑥ 中性でない地名 （山、海、河川、地域、一部の国名） には定冠詞

Die Schweiz ist 41 280 km^2 groß.　　　　スイスの広さは41.280㎢です。

Der Rhein ist 1 233 km lang.　　　　ライン川の長さは1.233キロです。

| | Lektion **3** | 格変化（名詞・人称代名詞） |

🎧 72

1 **主語や目的語など、文中の役割はどのように表すか**

ドイツ語の名詞は、「誰が」（主語）、「何を」（目的語）など、文中の役割に合わせて語形を変化させます。これを**格変化**といいます。ドイツ語には**4つの格**があります。

1格（主語を表す）   **Der Mann** kommt aus Deutschland.   その人**は**ドイツから来た。
2格*（関係を表す）   Die Frau **des Mannes** heißt Anna.   その人**の**妻はアンナという。
3格（受益者を表す）   Ich schenke **dem Mann** Tücher.   私はその人**に**ハンカチを贈る。
4格（対象を表す）   Morgen besuche ich **den Mann**.   明日、その人**を**訪問する。

***名詞の2格は修飾したい名詞**の後ろに置きますが、人名には -s を付けて前に置きます。

          1格   2格

Das Auto seiner Frau ist rot.   彼の奥さん**の車は**赤い。
Ihr Auto   ist rot.   彼女の車は赤い。
Anna**s** **Auto**   ist rot.   アナの**車は**赤い。

2 **名詞の4つの格は、どのように作るか**

名詞の格変化語尾はほとんど消滅しましたが、冠詞類の**格語尾**はまだはっきり残っています。格語尾は名詞の性・数に従って規則的に変化し、格の目印となります。

① 定冠詞 der [英 the]：その、今述べた、誰でも分かる、といった既出概念			
格＼性	男性	女性	中性	複数 ^{注1)}
1格（〜は、が）	der Mann	die Frau	das Kind	die Kinder
2格（〜の）	des Mann(e)s^{注2)}	der Frau	des Kind(e)s^{注2)}	der Kinder
3格（〜に）	dem Mann	der Frau	dem Kind	den Kindern^{注3)}
4格（〜を）	den Mann	die Frau	das Kind	die Kinder

② 定冠詞類：定冠詞に準じた語尾変化			
welcher（どの）, dieser（この）, jener（あの）, solcher（そのような）, aller（すべての）, mancher（かなり多くの）, jeder（各々の [単数]）			
格＼性	男性	女性	中性	複数 ^{注1)}
1格（〜は、が）	welch**er**	welch**e**	welch**es**	welch**e**
2格（〜の）	welch**es**	welch**er**	welch**es**	welch**er**
3格（〜に）	welch**em**	welch**er**	welch**em**	welch**en**
4格（〜を）	welch**en**	welch**e**	welch**es**	welch**e**

注 1) 複数には性の区別がありません。
    2) 男性名詞単数と中性名詞単数の2格には -(e)s を付けます。女性単数は変化しません。
    3) 名詞の複数3格は、複数1格に -n を付けます。

③ 不定冠詞 ein [英 a, an]：ある、一人の、一つの、といった初出概念			数詞＋複数
性\格	男性	女性	中性	複数

格＼性	男性	女性	中性	複数
1格（～は、が）	ein Schlüssel	eine Flasche	ein Heft	zwei Flaschen
2格（～の）	eines Schlüssels	einer Flasche	eines Heft(e)s	zwei Flaschen
3格（～に）	einem Schlüssel	einer Flasche	einem Heft	zwei Flaschen[注4]
4格（～を）	einen Schlüssel	eine Flasche	ein Heft	zwei Flaschen

注4) 名詞の複数1格が -n に終わるものは、3格の -n を付け加えません。

④ 不定冠詞類（所有冠詞、否定冠詞）：不定冠詞に準じた語尾変化

mein（私の）, unser（私達の）, dein（君の）, euer（君達の）, Ihr（あなたの、あなた達の）, sein（彼の、それの）, ihr（彼女の）, ihr（彼等の、彼女達の）, kein（否定冠詞）

格＼性	男性	女性	中性	複数
1格（～は、が）	mein Schirm	meine Uhr	mein Handy	meine Handys
2格（～の）	meines Schirm(e)s	meiner Uhr	meines Handys	meiner Handys
3格（～に）	meinem Schirm	meiner Uhr	meinem Handy	meinen Handys[注5]
4格（～を）	meinen Schirm	meine Uhr	mein Handy	meine Handys

注5) 名詞の複数1格が -s で終わるものも、3格の -n を付け加えません。

3 私に、私を：**人称代名詞も格変化する**

名詞と同じように、人称代名詞も格変化します。3人称は既出の名詞や事柄を受けます。

Der Mann kommt aus Deutschland.　　　　　その人はドイツから来た。

Ich schenke **ihm** Tücher. (**Dem*** schenke ich Tücher.)　　私は、彼にハンカチを贈る。

＊文頭で既出の名詞を受ける**指示代名詞**は10課参照

数・人称\格	単数					複数			敬称
	1人称	2人称	3人称			1人称	2人称	3人称	
1格（～は、が）	ich	du	er	sie	es	wir	ihr	sie	Sie
3格（～に）	mir	dir	ihm	ihr	ihm	uns	euch	ihnen	Ihnen
4格（～を）	mich	dich	ihn	sie	es	uns	euch	sie	Sie

4 私自身に、私自身を：**再帰代名詞も格変化する**

主語と同じものを指す再帰代名詞も格変化します。単・複3人称と敬称でsichとなります。

Der Mann kauft **sich**³ Tücher.　　　　　その人は、自分用にハンカチを買う。

数・人称\格	単数			複数			敬称
	1人称	2人称	3人称	1人称	2人称	3人称	
3格（～に）	mir	dir	sich	uns	euch	sich	sich
4格（～を）	mich	dich		uns	euch		

Lektion 4 　前置詞

1　ドイツ語の前置詞はどのように用いるか

ドイツ語の前置詞は特定の格と結びつきます。これを**前置詞の格支配**といいます。

Wegen des Taifun**s** fahre ich nicht **zur** Uni.　　　台風のため、大学へは行かない。

Das ist ein Geschenk **für dich**.　　　これは君へのプレゼントだよ。

2格支配	**trotz**（にもかかわらず）　**während**（のあいだ）　**wegen**（のゆえに）　**statt**（のかわりに）　など
3格支配	**aus**（の中から）　**bei**（のもとで）　**mit**（とともに）　**nach**（のあと）　**seit**（以来）　**von**（から）　**zu**（のところへ）など
4格支配	**durch**（を通って）　**für**（のために）　**gegen**（に対抗して）　**um**（のまわりで）　**ohne**（なしに）　**bis**（まで）　など
3・4格支配	**an**（に接して）　**auf**（の上）　**hinter**（の後ろ）　**in**（の中）　**neben**（の横） **über**（の上方）　**unter**（の下）　**vor**（の前）　**zwischen**（の間）

2　3・4格支配の前置詞は、意味によって格支配が変わる

動作の場所を表すときは3格、移動の方向を表すときは4格となります。

【場所】　**in** ＋ 3格　　Die Maus **ist in der** Kiste.　　　ネズミは木箱の中に**いる**。

【方向】　**in** ＋ 4格　　Die Maus **läuft in die** Kiste.　　　ネズミは木箱の中へ**入る**。

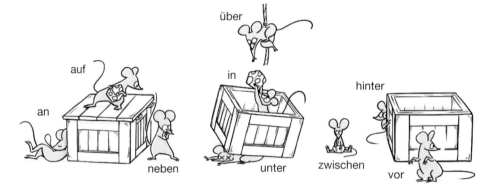

3　ある場所へはどういう前置詞で表現するか

① 人のところへ　　　　　**zu** mir 私のところへ / **zu** meiner Großmutter 祖母のところへ

② 家へ　　　　　　　　　**nach** Hause 家へ / **zu** dir **nach** Hause 君の家へ

③ ～のある場所へ　　　　**zum** Bahnhof 駅へ / **zur** Kirche 教会へ / **zum** Rathaus 市役所へ

④ ～の中へ　　　　　　　**ins** Café 喫茶店へ（お茶を飲みに）/ **in die** Mensa 学食へ（ご飯を食べに）

⑤ 地名（中性）へ　　　　**nach** Österreich オーストリアへ / **nach** Berlin ベルリンへ

⑥ 地名（男性・女性）へ　**in den** Iran イランへ / **in die** Schweiz スイスへ

⑦ 山へ　　　　　　　　　**in die** Berge 山へ / **auf die** Jungfrau ユングフラウに（登山）

⑧ 水辺へ　　　　　　　　**an den** See 湖へ / **an die** See 海へ / **ans** Meer 海へ

⑨ 公共の場・野外へ　　　**auf den** Marktplatz 広場へ / **auf die** Bank 銀行へ / **aufs** WC トイレへ

4 ある**場所では**どういう前置詞で表現するか

① 人のところで　　Ich lerne **bei** Frau Bach Klavier.　　私はバッハ先生にピアノを習っている。
② 家で　　　　　Du bist immer **bei** mir **zu** Hause.　君はいつも私のうちにいるね。
③ 〜のある場所で　Ich warte **am** Kiosk.　　　　売店のところで待ってます。
④ 〜の中で　　　Ich schwimme gern **im** Fluss.　私は川で泳ぐのが好きだ。
⑤ 地名 (中性) で　Ich studiere Musik **in** Wien.　私はウィーンで音楽を学んでいる。
⑥ 地名 (男性・女性) で　Ich wohne **in der** Schweiz.　私はスイスに住んでいる。
⑦ 山で　　　　　Ich wandere gern **in den** Bergen.　私は山歩きが好きだ。
⑧ 水辺で　　　　Ich grille gern **am** See.　私は湖畔でバーベキューするのが好きだ。
⑨ 公共の場・野外で　Ich kaufe gern **auf dem** Markt ein.　私は市場で買物するのが好きだ。

5 ある**時には**どういう前置詞で表現するか　　＊時刻・日付・年号は6課参照

① 四季　　**im** Frühling / Sommer / Herbst / Winter
② 月　　　**im** Januar / Februar / März / April / Mai / Juni / Juli / August / September /
　　　　　Oktober / November / Dezember
　　　　　【ただし】Anfang Januar / Mitte Januar / Ende Januar
③ 曜日　　**am** Montag / Dienstag / Mittwoch / Donnerstag / Freitag / Samstag / Sonntag
④ 1日　　**am** Morgen / Vormittag / Mittag / Nachmittag / Abend / **in der** Nacht
　　　　　【ただし】morgens / vormittags / mittags / nachmittags / abends / nachts
　　　　　【ただし】gestern Abend / heute Morgen / heute Abend / morgen früh
⑤ 伝統行事　**zu (an)** Weihnachten クリスマスに / Ostern 復活祭に / Silvester 大晦日に
⑥ 期間　　**von** Montag **bis** Freitag 月から金まで / **seit** drei Jahren 3年前から / **ab** Mai 5月から
⑦ 時間帯　**bei (in) der** Arbeit 仕事中に / **vor dem** Essen 食事中に / **nach dem** Essen 食後に

6 特定の前置詞をとる動詞や形容詞がある

動詞や形容詞が前置詞目的語をとる場合があります。
どんな前置詞 (＋格) が必要か、イディオムのように暗記する必要があります。

Ich **bin** mit der Arbeit **zufrieden**.　　　私はこの仕事に満足している。
Ich **warte** auf dem Parkplatz **auf** ihn.*　私は駐車場で彼を待っている。
　＊イディオムの前置詞か、具体的な意味を持つ前置詞かを区別しましょう。

> aufが2つあるけど
> それぞれどういう意味？

7 再帰動詞も特定の前置詞をとることがある　　＊再帰代名詞は3課参照

再帰代名詞を用いる**再帰動詞**も、特定の前置詞目的語をとる場合があります。

Ich **verabrede mich** mit meinem Freund.　私は友人と会う約束をする。
Ich **entscheide mich** für diese Schuhe.　私はこの靴に決めます。

Lektion 5　命令形・助動詞

1　ドイツ語には、3種類の命令形がある

命令形は命令する相手によって異なります。丁寧なお願いにはbitte、強調にはdochを添えます。口調上、duの命令形で必ず-eを付ける動詞もあります。

Ella, **komm** doch!　　　　　　　　　　　　エラ、来てってば！
Frau Braun, **kommen Sie** bitte!　　　　　ブラウンさん、来てください！

命令する相手	命令形の作り方	kommen	warten	öffnen	sammeln
du (君) に	語幹＋(e)!	Komm!	Wart(e)!	Öffne!	Sammle!
ihr (君達) に	人称変化形と同じ	Komm**t**!	Wart**et**!	Öffn**et**!	Sammel**t**!
Sie (あなた [達]) に	語幹＋(e)n Sie!	Komm**en Sie**!	Wart**en Sie**!	Öffn**en Sie**!	Sammel**n Sie**!

2　命令形の作り方には例外がある

duの人称変化で**幹母音e**が**i**や**ie**に変わる動詞は、命令形でも同様に幹母音が変化します。

Paul, **sieh** mal!　　　　　　　　　　　　　　パウル、ちょっと見て！
Lina, **sei** noch ein bisschen geduldig!　　リナ、もう少しがまんして！

essen		sehen		halten		sein	
人称変化	命令形	人称変化	命令形	人称変化	命令形	人称変化	命令形
du **iss**t	**Iss**!	du **sieh**st	**Sieh**!	du **hält**st	**Halt**!	du **bist**	**Sei**!
ihr esst	Esst!	ihr seht	Seht!	ihr haltet	Haltet!	ihr **seid**	**Seid**!
Sie essen	Essen Sie!	Sie sehen	Sehen Sie!	Sie halten	Halten Sie!	Sie **sind**	**Seien** Sie!

3　再帰動詞の命令形はどのように作るか

動詞だけでなく、再帰代名詞sichも命令する相手に合わせて変化させます。

Ben, melde **dich**!　　　　　　　　　　　　　　　　ベン、連絡ちょうだい！
Mia, Ben, kümmert **euch** um eure Großmutter!　ミア、ベン、お婆さんの面倒をみてね！

sich⁴ melden		sich⁴ um et.⁴ kümmern	
人称変化	命令形	人称変化	命令形
du meldest dich	Meld(e) dich!	du kümmerst dich	Kümmer(e) dich!
ihr meldet euch	Meldet euch!	ihr kümmert euch	Kümmert euch!
Sie melden sich	Melden Sie sich!	Sie kümmern sich	Kümmern Sie sich!

④ ドイツ語は、話法の助動詞もすべて人称変化する

単数では幹母音が変わるものと変わらないものがあり、1・3人称には人称語尾が付きません。
助動詞が定動詞として人称変化し、**本動詞**は変化することなく**文末**に置かれます。

Klara **kann** gut Schlittschuh **laufen**.　　　クララはスケートが上手だ。
Willst du nach Deutschland **reisen**?　　　君はドイツ旅行する気ある？

助動詞＼人称	できる/かもしれない	しなければならない	してよい	するつもりだ	すべきだ	かもしれない/好き	したい/ほしい
	können	**müssen**	**dürfen**	**wollen**	**sollen**	**mögen**	**möchte**
ich	kann	muss	darf	will	soll	mag	möchte
du	kannst	musst	darfst	willst	sollst	magst	möchtest
er/sie/es	kann	muss	darf	will	soll	mag	möchte
wir	können	müssen	dürfen	wollen	sollen	mögen	möchten
ihr	könnt	müsst	dürft	wollt	sollt	mögt	möchtet
sie/Sie	können	müssen	dürfen	wollen	sollen	mögen	möchten

⑤ 自分の意思・願望はどう表現するか

Ich **will (möchte)** in Deutschland studieren.　　私はドイツ留学するつもりだ（したい）。
Ich **möchte (mag)*** Eis.　　　　　　　　　　私はアイスクリームがほしい（好き）。

＊文末の本動詞が省略される本動詞的用法

⑥ 相手の意思・願望はどう確認するか

Willst (Kannst) du zur Party kommen?　　　パーティーに来るつもりある（来れる）？
Kann (Darf / Soll) ich Ihnen helfen?　　　　お手伝いしましょうか？
Magst du Kaffee?　　　　　　　　　　　　コーヒーは好き？

⑦ 勧誘はどう表現するか

Wollen (Sollen) wir nach Hause gehen?　　　　　家へ帰りましょうか。
＝ **Lassen** Sie uns (**Lasst** uns / **Lass** uns) nach Hause gehen!　家へ帰りましょう（帰ろう）。

⑧ お願い・指図はどう表現するか

Kannst du mir helfen?　　　　　　　　手伝ってもらえますか？
Du **musst** das fertig schreiben.　　　　それを書き上げないといけないよ。
Man **darf** hier nicht fotografieren.　　ここで写真を撮ってはいけません。

⑨ 確からしさはどう表現するか

Das **muss** sein.　　　　　そうに違いない。
Das **kann (mag)** sein.　　そうかもしれない。

Lektion 6　数詞・形容詞

1　ドイツ語の数詞は、21 以上の読み方に注意しよう

21 〜 99 は一の位から読み、十の位との間に **und** を入れます。

1 eins	11 elf	21 **ein**und**zwanzig**	40 vierzig
2 zwei	12 zwölf	22 zwei**und**zwanzig	50 fünfzig
3 drei	13 dreizehn	23 drei**und**zwanzig	60 sechzig
4 vier	14 vierzehn	24 vier**und**zwanzig	70 siebzig
5 fünf	15 fünfzehn	25 fünf**und**zwanzig	80 achtzig
6 sechs	16 sechzehn	26 sechs**und**zwanzig	90 neunzig
7 sieben	17 siebzehn	27 sieben**und**zwanzig	101 (ein)**hundert**eins
8 acht	18 achtzehn	28 acht**und**zwanzig	911年 neun**hundert**elf
9 neun	19 neunzehn	29 neun**und**zwanzig	1911年 neunzehn**hundert**elf
10 zehn	20 zwanzig	30 dreißig	2011年 zwei**tausend**elf

2　度量衡・温度・金額などはどのように表現するか

① 長さ　Der Rhein ist **1 233 km** lang.　　eintausendzweihundertdreiunddreißig Kilometer
② 重さ　Er wiegt **61,5 kg**.　　einundsechzig Komma fünf Kilogramm
③ 量　　Eine Flasche Wein enthält **0,75 l**.　null Komma fünfundsiebzig Liter
④ 金額　200 g Käse kosten **3,50 EUR**.　drei Euro fünfzig (drei fünfzig)
⑤ 温度　Heute sind nur **5 ℃**.　　fünf Grad Celsius
⑥ 面積　Meine Wohnung ist **70 m²** groß.　siebzig Quadratmeter

3　序数詞はどのように用いるか

「何番目の」を表す序数詞は形容詞なので、後ろの名詞の性・数・格によって語尾変化します。(次頁)
数字で書く場合は、後ろに点 (ピリオド) を付けます。序数詞に **-el** を付けると、分数になります。

1. **erst**	6. sechs**t**	11. elf**t**	20. zwanzig**st**
2. zwei**t**	7. sieb**t**	12. zwölf**t**	30. dreißig**st**
3. **dritt**	8. ach**t**	13. dreizehn**t**	40. vierzig**st**
4. vier**t**	9. neun**t**	14. vierzehn**t**	50. fünfzig**st**
5. fünf**t**	10. zehn**t**	15. fünfzehn**t**	100. hundert**st**

Der **2.** (zwei**te**) Knopf ist ab.　　　　2番目のボタンが外れている。
Jedes Kind bekommt ein Sechs**tel** Torte.　どの子もケーキを6分の1ずつもらえる。

4 ドイツ語の形容詞は、名詞の前に置かれるときには語尾変化する

形容詞は、後ろの名詞の性・数・格によって語尾変化します。
変化には３つのパターンがあり、冠詞類の有無や種類によって異なります。

Dein Schirm ist **schön**.　　　　　　　君の傘はキレイだ。
Ich möchte **einen schön**en Schirm.　　私はキレイな傘がほしい。

① 強変化：形容詞 ＋ 名詞

格＼性	男性	女性	中性	複数
1格（〜は、が）	stark**er** Kaffee	heiß**e** Milch	frisch**es** Obst	hart**e** Nüsse
2格（〜の）	stark**en** Kaffee**s**	heiß**er** Milch	frisch**en** Obst**es**	hart**er** Nüsse
3格（〜に）	stark**em** Kaffee	heiß**er** Milch	frisch**em** Obst	hart**en** Nüsse**n**
4格（〜を）	stark**en** Kaffee	heiß**e** Milch	frisch**es** Obst	hart**e** Nüsse

② 弱変化：定冠詞（定冠詞類）＋ 形容詞 ＋ 名詞

格＼性	男性	女性	中性	複数
1格（〜は、が）	der schick**e** Hut	die grün**e** Jacke	das blau**e** Hemd	die neu**en** Schuhe
2格（〜の）	des schick**en** Hut**es**	der grün**en** Jacke	des blau**en** Hemd**es**	der neu**en** Schuhe
3格（〜に）	dem schick**en** Hut	der grün**en** Jacke	dem blau**en** Hemd	den neu**en** Schuhe**n**
4格（〜を）	den schick**en** Hut	die grün**e** Jacke	das blau**e** Hemd	die neu**en** Schuhe

③ 混合変化：不定冠詞（不定冠詞類）＋ 形容詞 ＋ 名詞

格＼性	男性	女性	中性	複数
1格（〜は、が）	ein toll**er** Plan	eine klein**e** Fete	ein groß**es** Fest	meine wahr**en** Wünsche
2格（〜の）	eines toll**en** Plan**es**	einer klein**en** Fete	eines groß**en** Fest**es**	meiner wahr**en** Wünsche
3格（〜に）	einem toll**en** Plan	einer klein**en** Fete	einem groß**en** Fest	meinen wahr**en** Wünsche**n**
4格（〜を）	einen toll**en** Plan	eine klein**e** Fete	ein groß**es** Fest	meine wahr**en** Wünsche

5 形容詞の比較級・最上級はどのように作るか

比較級には **-er** を、最上級には **-st** を付けて作ります。最上級には常に格語尾が付きます。
不規則な比較変化があるので、辞書で確認しましょう。

Daniel ist gr**öß**er als Lukas.　　　　　ダニエルはルーカスより背が高い。
Daniel ist der grö**ß**t**e** (Mann) / am gr**öß**t**en**.　　ダニエルは一番背が高い。

＊副詞

	klein (小さい)	groß (大きい)	alt (古い)	gut (よい)	gern (好んで)＊
原級	klein	groß	alt	gut	gern
比較級	klein**er**	größ**er**	**ält**er	**besser**	**lieber**
最上級：付加語的用法	der klein**st**e	der größ**t**e	der **ält**est**e**	der **best**e	der **lieb**st**e**
述語的・副詞的用法	am klein**st**en	am größ**t**en	am **ält**est**en**	am **best**en	am **lieb**st**en**

Lektion 7　複合動詞・zu 不定詞

1　複合動詞とは何か

前綴りのついた動詞を**複合動詞**といいます。前綴りにアクセントがあり基礎動詞から分離する**分離動詞**と、前綴りにアクセントがなく分離しない**非分離動詞**があります。

【分離動詞】　**an**kommen（到着する）Der Zug kommt zu spät **an**.　　　　列車は遅れて到着する。

【非分離動詞】 **be**kommen（もらう）Mia **be**kommt immer gute Noten.　ミアは常に良い点を取る。

2　複合動詞の前綴りにはどのようなものがあるか

① 分離**前綴り**は独立した単語として存在しています。
　その意味は分離動詞の意味に反映されます。

分離動詞かどうか
判断するには、
an**machen** に直し
てから辞書で確認ね

【副詞としての an】　　Das Licht ist **an**.　　　明かりがついている。

【分離前綴りとしての an】 Mach das Licht **an**!　　明かりをつけて！

<table>
<tr><td rowspan="11">分離前綴りの例</td></tr>
</table>

分離前綴りの例		
ab（そこから離れて・離して）	ab**fahren** 発車する / ab**holen** 迎えに行く / ab**schreiben** 書き写す	
an（密着、〜宛に、機能開始）	an**probieren** 試着する / an**rufen** 電話する / an**fangen** 始める	
auf（上方へ、広がり・展開）	auf**stehen** 起き上がる / auf**räumen** 片付ける / auf**machen** 開ける	
aus（外へ、すっかり）	aus**gehen** 外出する / aus**steigen** 降りる / aus**ruhen** 元気回復する	
ein（中へ）	ein**treten** 立ち入る / ein**steigen** 乗り込む / ein**kaufen** 購入する	
mit（一緒に、自分の身と共に）	mit**kommen** 一緒に行く / mit**bringen** 持ってくる	
nach（後で、〜の後方で）	nach**denken** よく考えてみる / nach**geben** 譲歩する	
vor（前もって、人前で）	vor**bereiten** 準備する / vor**lesen** 読み上げる	
zu（閉じて、ぴったり）	zu**machen** 閉める / zu**stimmen** 賛成する	
zurück（戻って）	zurück**kommen** 戻る / zurück**geben** 返す	

② 非分離**前綴り**は be-, emp-, ent-, er-, ge-, ver-, zer- の7つ。独立した単語としては存在しません。その意味から非分離動詞の意味を推測することは困難な場合があります。

【一般動詞】　　suchen 探す　　　　　fangen つかむ　　　　　fallen 落ちる

【非分離動詞】 **be**suchen 訪れる　　**emp**fangen 迎える　　**ge**fallen 気に入る

③ 分離・非分離**前綴り**は durch-, hinter-, über-, um-, unter-, wider-, wieder- の7つ。
　前綴りと動詞の意味から動詞全体の意味を推測できない場合は非分離動詞になります。

【分離動詞】　durch**fallen** 落第する　　　　um**steigen** 乗り換える　　wieder**sehen** 再び会う

【非分離動詞】 **über**legen じっくり考える　**unter**richten 授業する　　**wieder**holen 繰り返す

3 〜することを意味する zu 不定詞はどのように用いられるか

他の要素を伴って zu 不定詞句を構成する場合はコンマで区切り、末尾に zu 不定詞を置きます。
分離動詞の場合は、前綴りと基礎動詞の間に zu を入れます。

【主語的用法】	Es ist schwer (für mich), alles **zu machen**.	すべてを行うことは（私には）難しい。
【目的語的用法】	Ich habe vor, morgen **abzureisen**.	明日、私は旅行に出かける予定だ。
【付加語的用法】	Es ist Zeit, nach Hause **zu gehen**.	帰宅する時間だ。

4 zu 不定詞の熟語的用法には、どのようなものがあるか

① um + zu 不定詞「〜するために」
Jetzt lege ich mich hin, **um** mich **aus**z**uruhen**.　　今から寝転んで体を休めるよ。

② ohne + zu 不定詞「〜することなく」
Er geht an mir vorbei, **ohne** mich **zu begrüßen**.　　彼は挨拶せずに私の側を通り過ぎる。

③ statt + zu 不定詞「〜する代わりに」
Er schläft zu Hause, **statt** in die Schule **zu gehen**.　彼は学校に行く代わりに家で寝ている。

④ haben + zu 不定詞「〜しなければならない」
Ich **habe** noch viel **zu tun**.　　私はすべきことがまだたくさんある。

⑤ sein + zu 不定詞「〜されねばならない、〜されうる」
Das **ist** nicht leicht **zu erklären**.　　それは簡単には説明できない。

⑥ brauchen + zu 不定詞「〜する必要がある」
Du **brauchst** nicht **mit**z**ukommen**.　　君は一緒に来る必要はないよ。

5 zu 不定詞か、zu なし不定詞か　　＊話法の助動詞は５課、未来形は８課参照

① 一般動詞 + zu 不定詞
Ich habe vor, morgen in Urlaub **zu fahren**.　　明日、旅行に出かける予定だ。
Ich befehle ihm, zu dir **zu kommen**.　　彼に君のところへ行くように私は命じる。

② 話法の助動詞 + 不定詞
Ich will morgen **abreisen**.　　明日、旅行に出かけるつもりだ。
Möchtest du nicht **mitkommen**?　　一緒に来たくないの？

③ 話法の助動詞的に用いられる動詞 + 不定詞
【使役】Ich lasse ihn zu dir **kommen**.　　私は彼を君のところへ行かせる。
【未来】Er wird zu dir **kommen**.　　彼はきっと君のところへ行くだろう。

＊ただし次のような場合は zu 不定詞が使えない。
Ich hoffe, er kommt zurück.　　私は彼が戻ってくることを望む。

2つの文の主語が違うよ

Lektion 8　時制と三基本形

1　ドイツ語に時制は6種類ある

【現在】	Er **macht** das Licht **an**.	彼は明かりをつける。
【過去】	Er **machte** das Licht **an**.	彼は明かりをつけた。
【未来】	Er **wird** das Licht **anmachen**.	彼は明かりをつけるだろう。
【現在完了】	Er **hat** das Licht **angemacht**.	彼は明かりをつけた。
【過去完了】	Er **hatte** das Licht **angemacht**.	（過去の時点で）彼は明かりをつけ終えていた。
【未来完了】	Er **wird** das Licht **angemacht haben**.	（未来の時点で）彼は明かりをつけ終えているだろう。

2　三基本形は、過去を語るときに必要となる

現在形の基礎となる**不定形**（不定詞）、過去形を作るための**過去基本形**、完了形や受動態を作るための**過去分詞形**を、あわせて**三基本形**といいます。

① **不定形**：　動詞により、**語幹**＋ -en または**語幹**＋ -n のどちらかとなります。
② **過去基本形**：規則動詞は**語幹**＋ -te となります。不規則動詞は辞書で調べるしかありません。
③ **過去分詞形**：規則動詞はge-＋**語幹**＋ -t となります。不規則動詞は辞書で調べるしかありません。
　　　　　　非分離動詞と -ieren 動詞の過去分詞からは、ge- が外されます。

動詞変化の基本形 動詞の種類			三基本形		
			① 不定形	② 過去基本形	③ 過去分詞形
規則動詞	基礎動詞	買う	**kauf**en	**kauf**te	ge**kauf**t
	分離動詞	購入する	ein**kauf**en	**kauf**te ... ein	einge**kauf**t
	非分離動詞	売る	ver**kauf**en	ver**kauf**te	ver**kauf**t
	-ieren 動詞	試す	**probier**en	**probier**te	**probier**t
不規則動詞	基礎動詞	話す	**sprech**en	**sprach**	ge**sproch**en
	分離動詞	取り決める	ab**sprech**en	**sprach** ... ab	abge**sproch**en
	非分離動詞	話し合う	be**sprech**en	be**sprach**	be**sproch**en
	基礎動詞	運ぶ	**bring**en	**brach**te	ge**brach**t
	分離動詞	持ってくる	mit**bring**en	**brach**te ... mit	mitge**brach**t
	非分離動詞	成し遂げる	voll**bring**en	voll**brach**te	voll**brach**t
	話法の助動詞	できる	**könn**en	**konn**te	**könn**en*
	本動詞的用法				ge**konn**t*
	受動の助動詞	（〜され）る	**werd**en	**wurde**	**word**en*
	一般動詞	〜になる			ge**word**en*

＊2種の過去分詞の使い分けは9課参照

3 過去形は人称変化する

過去形は**過去基本形に人称語尾**をつけて用いられます。1人称単数と3人称単数は同形です。

Klara **wollte** eigentlich Ballett lernen.　　　クララは本当はバレエを習いたかった。

Sie **hatte** aber kein Geld.　　　しかし、彼女はお金がなかった。

	規則動詞		不規則動詞				
	する	働く	～をもつ	～である	～になる	～できる	招待する
不定形	machen	arbeiten	haben	sein	werden	können	einladen
過去基本形	mach**te**	arbeit**e**te	hatte	war	wurde	konnte	lud...ein
ich	machte	arbeitete	hatte	war	wurde	konnte	lud ...ein
du	machte**st**	arbeitete**st**	hatte**st**	war**st**	wurde**st**	konnte**st**	lud**st** ...ein
er/sie/es	machte	arbeitete	hatte	war	wurde	konnte	lud ...ein
wir	machte**n**	arbeitete**n**	hatte**n**	war**en**	wurde**n**	konnte**n**	lud**en**...ein
ihr	machte**t**	arbeitete**t**	hatte**t**	war**t**	wurde**t**	konnte**t**	lud**et** ...ein
sie/Sie	machte**n**	arbeitete**n**	hatte**n**	war**en**	wurde**n**	konnte**n**	lud**en**...ein

4 過去分詞は、形容詞や副詞にもなる

他動詞の過去分詞は「～された（受け身）」、自動詞の過去分詞は「～した（完了）」という意味をもち、形容詞や副詞として用いられています。

【他動詞】Die Toilette ist **besetzt**.　　　トイレは**使用中**だ（占められた→ふさがっている）。

【自動詞】Das Bild stellt den **gefallen**en Engel dar.　　　その絵は**落ちた天使**を表している。

＊現在分詞は**不定詞＋ -d** という形で、「～するような」を意味します。

Meine Arbeit ist **anstrengen**d.　　　私の仕事は**きつい**（疲れさせるような→骨の折れる）。

Hanna kleidet sich **auffallen**d.　　　ハンナは**目立つ**格好をしている（人目を引くような）。

5 未来の助動詞 werden は、未来を表すだけではない

話法の助動詞のように話者の意思や判断を表します。また一般動詞としても用いられます。

【助動詞として】　1人称は宣言：Ich **werde** es wagen.　　　思い切ってやってみるよ。

　　　　　　　　2人称は命令：Du **wirst** doch nicht weinen.　　　泣くんじゃない！

　　　　　　　　3人称は推量：Er **wird** krank sein.　　　彼はきっと病気なのだろう。

【一般動詞として】現在形：　　Er **wird** krank.　　　彼は病気になる。

　　　　　　　　過去形：　　Er **wurde** krank.　　　彼は病気になった。

Lektion 9　現在完了形・受動態

1　現在完了形には、2種類の作り方がある

現在完了形は、haben（現在人称変化）＋過去分詞（文末）で作られます。
ただし場所の移動や状態の変化を表す自動詞は、sein＋過去分詞で作られます。

> sein か haben かは、辞書で確認してね

Ich **bin** mit dem Zug nach Berlin **gefahren**.　　私は列車でベルリンへ行った。

Im Zug **habe** ich eine Deutsche **kennengelernt**. 列車の中でドイツ人女性と知り合った。

【haben 支配】haben を完了の助動詞として用いる動詞	
ほとんどの動詞	spielen（遊ぶ）　besuchen（訪問する）　essen（食べる）　sich freuen（喜ぶ） können（〜できる）など
【sein 支配】sein を完了の助動詞として用いる動詞	
① 場所の移動	gehen（行く）　kommen（来る）　fahren（乗物で行く）　fliegen（飛ぶ） ankommen（到着する）など
② 状態の変化	werden（なる）　sterben（死ぬ）　geschehen（起こる）　aufstehen（起床する） einschlafen（寝入る）など
③ その他	sein（〜である）　bleiben（留まる）など

2　話法の助動詞にも、現在完了形がある

話法の助動詞には2種類の過去分詞形があり、助動詞か本動詞かによって使い分けられます。

【助動詞】Ich habe nach Berlin fahren **müssen**.　　　　私はベルリンへ行かねばならなかった。

【本動詞】Ich habe nach Berlin **gemusst**.

3　現在完了と過去は、どのように使い分けたらいいのか

同じ過去の事柄でも、物語や報告などを連続的な「線」として述べる場合は過去形、完了した「点」として述べる場合は現在完了形を用います。完了時制はしばしばその結果を暗示します。

【過去】　　Ella **konnte** nicht einschlafen.　　　　エラは寝付けなかった。

　　　　　Sie **stand** auf und **ging** in die Küche.　起きて、キッチンに向かった。

【現在完了】„Wer **hat** diese Tür **aufgemacht**?"　　「誰がこのドアを開けたのかしら？」

4　現在完了の他にも、完了時制がある

過去完了は、過去のある時点から見て、さらに昔の事柄を述べる場合に用いられます。
未来完了は、未来における完了と、現在における過去の推量を表します。

【過去完了】Fynn **hatte** das Licht **angemacht**　　　フィンが電気をつけ、

　　　　　　und **stand** vor dem Kühlschrank.　　　冷蔵庫の前に立っていた。

【未来完了】Fynn **wird** das Licht **angemacht haben**.　フィンが電気をつけたのだろう。

5. 受動態には、2種類の作り方がある

動作受動は動作の受け身を表し、werden（**人称変化**）＋**過去分詞**（**文末**）で作られます。
状態受動はその動作によって生じた状態を表し、sein＋**過去分詞**で作られます。

【動作受動】	Das Licht **wird** (von Fynn) **angemacht**.	電気が（フィンによって）つけられる。
【状態受動】	Das Licht **ist angemacht**.	電気がついている（明るい状態である）。
【能動態】	Fynn macht das Licht an.	フィンは電気をつける。

6. 自動詞の場合、受動態にすると主語がなくなる場合がある

受動態の主語(1格)になりえるのは、他動詞能動態の4格目的語だけです。自動詞は4格目的語をとらないので、受動態では形式上の主語 es を補います。この es は文頭以外では用いられません。

【能動態】	Alle feierten bis in die Nacht.	皆は夜中までお祝いをした。
【受動態】	**Es** wurde bis in die Nacht gefeiert.	夜中までお祝いが続いた。
	= Bis in die Nacht wurde gefeiert.	

7. 受動態にも、過去形や現在完了形がある

受動の助動詞 werden と sein を過去形と現在完了形にします。
ただし、werden の過去分詞は worden を用います。

> Es ist hell geworden.（明るくなった）
> werden の過去分詞はこうだったよね

【動作受動】	過去	Das Licht **wurde** angemacht.	電気がつけられた。
	現在完了	Das Licht **ist** angemacht worden.	
【状態受動】	過去	Das Licht **war** angemacht.	電気がついていた。
	現在完了	Das Licht **ist** angemacht **gewesen**.	

8. 受動態は、話法の助動詞と合わせて用いることもできる

受動の助動詞 werden と sein は、不定形で文末に置かれます。

Das Licht muss angemacht **werden**.	電気がつけられなければいけない。
Das Licht muss angemacht **sein**.	電気をつけたままにしなければいけない。

9. 動作主を曖昧にする表現方法は、受動態の他にもまだある

① 不特定の man を主語に：	Kann man das online bezahlen?	これはオンライン決済できますか。
② 自動詞で事物を主語に：	Das Kleid gehört in den Schrank.	このドレスは箪笥に仕舞わないと。
③ lassen＋sich＋自動詞：	Hier lässt es sich aushalten.	ここはまあまあだ。（耐えられる）
④ lassen＋sich＋他動詞：	Die Pizza lässt sich leicht backen.	ピザは簡単に焼ける。
⑤ 非人称＊の es を主語に：	Es regnet.	雨が降っている。

＊非人称は11課参照

Lektion 10　副文・関係文

1　副文には、3種類の作り方がある

主文に副文（従属節）を接続する要素には、**従属接続詞**、**疑問詞**、**関係代名詞**の3種類があります。
副文内で定動詞は文末に置かれ（定動詞後置）、主文と副文はコンマで区切られます。

【従属接続詞】Ich freue mich, **wenn** du dich **freust**.　　　　君が嬉しければ、私も嬉しい。
【疑問詞】　　Weißt du, **wann** Mia Geburtstag **hat**?　　　ミアの誕生日はいつか知ってる？
【関係代名詞】Der Ring, **den** ich bestellt **habe**, ist eingetroffen.　私が注文した指輪が入荷した。

2　従属接続詞には、どのような種類があるか

時・条件	wenn（～する時・するなら）　falls（～するなら）　als（～した時）
	bevor / ehe（～する前に）　nachdem（～したあとに）
	bis（～するまで）　seit / seitdem（～して以来ずっと）
	sobald（～するやいなや）　solange（～する限りは）　など
原因・理由	weil（～だから）　da（～から判断するに）
目的	damit（～するために）
認容	obwohl / trotz / trotzdem（～にもかかわらず）
その他	dass*（～ということ）　ob（～かどうか）

seit のように前置詞と同じ接続詞もあるから注意ね

＊dass は主文の主語や動詞、前置詞の目的語になります。
　【主語】　**Es** ist wichtig, **dass** die Leute mitdenken.　　人々が一緒に考えることが大切だ。
　【目的語】Meinst du, **dass** ich das schaffen kann?　　私にそれができると思う？

副文が主文の前に来ると、主文は定動詞で始まります。
Seit ich dich kenne, **bin** ich glücklich.　　　　　　　君と知り合いになってから幸せだ。
＝ Ich **bin** glücklich, seit ich dich kenne.

3　疑問詞は、間接疑問文では接続詞になる

補足疑問文が間接疑問文になるときは、疑問詞が従属接続詞の役割を果たします。
決定疑問文が間接疑問文になるときは、**ob** が用いられます。

【補足疑問文】**Wo** findet das Spiel statt?　　　　　　その試合はどこで開催されるの？
　　　　　　→ Sag mal, **wo** das Spiel stattfindet.　ねえ、その試合はどこで開催されるのかな。
【決定疑問文】Kannst du auch mitkommen?　　　　　君も一緒に来れる？
　　　　　　→ Sag mal, **ob** du mitkommen kannst.　ねえ、君も一緒に来れるかな。

4 定関係代名詞は、先行詞を説明する関係文を作る

定関係代名詞は、先行する名詞（先行詞）の性・数に一致し、関係文を導きます。
格だけは関係文の中の役割で決まります。定関係代名詞にはアクセントが置かれます。

Der Ring ist eingetroffen. **Den** Ring habe ich bestellt. 指輪**が**入荷した。私はその指輪**を**注文した。
→ Der Ring**, dén** ich bestellt **habe,** ist eingetroffen. 私が注文した指輪が入荷した。

5 不定関係代名詞は、先行詞のない関係文を作る

不定関係代名詞は、漠然とした人やものを表す関係文を作ります。
後続する主文は、人なら男性、ものなら中性の指示代名詞から始まります。

Wer dich schätzt, **dén** schätzt du auch. 君を大切にする人を、君も大切にする。
Was ich habe, **dás** gehört dir. 私が持っているものは、君のものだ。

ただし中性形の不定代名詞や名詞化形容詞が、不定関係代名詞の先行詞となる場合もあります。
Alles, was ich habe, das gehört dir. 私が持っているものは、すべて君のものだ。
Ich gebe dir **das Beste, was** ich habe. 私が持っている最高のものを君にあげよう。

格＼性	定関係代名詞（＝指示代名詞）				不定関係代名詞	
	男性	女性	中性	複数	～する人	～するもの
1格（～は、が）	der	die	das	die	wer	was
2格（～の）	dessen	deren	dessen	deren*	wessen	
3格（～に）	dem	der	dem	denen	wem	
4格（～を）	den	die	das	die	wen	was

＊指示代名詞には別形 **derer** が存在するが、これは先行詞としてのみ用いられる

6 定関係代名詞が前置詞と結びつく場合はどうするか

関係代名詞の前に前置詞が置かれます。場所を意味する場合は関係副詞 **wo** も用いられます。

Ella führt ihn ins Dorf. エラは彼を村へ連れて行く。
Dort (=in dem Dorf) ist sie geboren. そこで彼女は生まれた。
→ Ella führt ihn ins Dorf, **wo** (=in dém) sie geboren ist. エラは自分が生まれた村に彼を連れて行く。

7 事柄を受ける代名詞が前置詞と結びつく場合は、da/wo- ＋前置詞になる

es, das は da-, was は wo- の形で前置詞と融合し、母音で始まる前置詞の前には **-r** が入ります。

Du hilfst mir immer. **Dafür** (=für es/das) danke ich dir. 君はいつも助けてくれる。感謝してるよ。
Du hilfst mir immer, **worüber** (=über was) ich mich freue. 君はいつも助けてくれて嬉しいよ。
Worüber (=Über was) freust du dich? 君は何を喜んでいるの？

文法補足　語順・非人称・接続法

1　語順を整理しよう

文頭には、時、場所、条件など、話の前提となる導入的要素を置くことが多いです。
定動詞の後ろは、短い単語から長い単語、共有概念から新情報へと続く場合が多いです。

【時】	**Gestern** ist Leo zurückgekehrt.	昨日、レオが帰ってきた。
【名詞の並列】	Da gab er **der Mutter ein Geschenk**.*	彼は母親にお土産を渡した。
【条件】	**Ohne ihn** war es langweilig für sie.	彼がいないと、彼女は退屈だった。
【人称代名詞と名詞】	Früher schrieb er **ihr** oft **einen Brief**.	昔、彼は彼女によく手紙を書いた。
【人称代名詞の並列】	Er schrieb **ihn ihr** jeden Monat.*	彼はそれを彼女に毎月、書いた。
【再帰代名詞】	Sie machte **sich** immer **Sorgen um ihn**.	彼女はいつも彼のことを心配していた。
【再帰代名詞と名詞】	Danach hat **sich ihr Sohn** total verändert.	その後、息子はすっかり変わった。

＊名詞は3格－4格の順が基本。人称代名詞は4格－3格の順となる。

2　定動詞の位置に影響しない接続詞がある

並列接続詞によって接続される文の**定動詞**は、**その接続詞**を除いた第2位に位置します。
副詞的接続詞によって接続される文の**定動詞**は、**その接続詞**を含めた第2位に位置します。

【並列接続詞】Ich kann nicht zur Uni, **denn** ich **habe** Fieber.　私は大学へ行かない。熱があるから。
【副詞的接続詞】Ich habe Fieber, **deshalb** **kann** ich nicht zur Uni. 私は熱がある。だから大学へ行けない。

並列接続詞	und（そして～）　aber（しかし～）　oder（あるいは～）　denn（というのは～だから）
副詞的接続詞	da（その時～、そこで～）　dann（それから～、そうしたら～）　danach（その後～） seitdem（それ以来～）　daher / darum / deshalb（だから～）

3　非人称の es はどんなときに用いるか

具体的に何も指さず、意味をもたない **es** が、主語や目的語になる表現があります。

【天候】	Heute ist **es** sehr heiß.	今日はとても暑い。
【生理現象】	Mir ist heiß.	私は暑い。
【状況】	**Es** geht.	だいじょうぶ。
	Ich habe **es** eilig.	私は急いでいます。
【熟語表現】	In Japan gibt **es** eine Regenzeit.	日本には梅雨がある。
	Es geht um deine Zukunft.	君の将来が問題だ。

生理現象は倒置でesが消えるのよ

4 接続法はどんなときに用いるか

ドイツ語では、ある事柄に対する話し手の態度を、直説法、命令法、接続法という3種類の動詞形で表します。事実性の保留には**接続法Ⅰ式**を、非現実やありえない想定には**接続法Ⅱ式**を用います。

【直説法】	Er **ist** wieder wie früher.	彼は前の彼に戻った。
【命令法】	**Sei** wieder wie früher!	前の彼に戻ってくれ。
【接続法Ⅰ式】	Er **sei** wieder wie früher, glaubt sie.	彼は前の彼に戻ったと彼女は思っている。
【接続法Ⅱ式】	**Wäre** er doch wieder wie früher!	彼が前の彼に戻ってくれたらなあ。

接続法Ⅰ式

人称 / 不定詞		lernen	nehmen	können	werden	haben	sein
ich	-e	lerne	nehme	könne	werde	habe	sei
du	-est	lernest	nehmest	könnest	werdest	habest	sei(e)st
er/sie/es	-e	lerne	nehme	könne	werde	habe	sei
wir	-en	lernen	nehmen	können	werden	haben	seien
ihr	-et	lernet	nehmet	könnet	werdet	habet	seiet
sie	-en	lernen	nehmen	können	werden	haben	seien

接続法Ⅱ式

人称 / 不定詞 過去基本形		lernen lernte	nehmen nahm	können konnte	werden wurde	haben hatte	sein war
ich	(¨)e	lernte	nähme	könnte	würde	hätte	wäre
du	(¨)est	lerntest	nähmest	könntest	würdest	hättest	wärest
er/sie/es	(¨)e	lernte	nähme	könnte	würde	hätte	wäre
wir	(¨)en	lernten	nähmen	könnten	würden	hätten	wären
ihr	(¨)et	lerntet	nähmet	könntet	würdet	hättet	wäret
sie	(¨)en	lernten	nähmen	könnten	würden	hätten	wären

接続法Ⅱ式は、控えめで丁寧な外交話法として日常会話で役に立ちます

Es **wäre** nett, wenn Sie mir helfen **könnten**.	お手伝い頂けませんでしょうか。
Ich **hätte** gern eine Antwort.	お返事を頂ければと存じます。

接続法Ⅱ式は、非現実の仮定と結論を表現します

Wenn ich reich **wäre**, **würde** ich **spenden**.	お金があれば、寄付するのに。
Wenn ich reich gewesen wäre, **würde** ich gespendet haben.	
= Wenn ich reich gewesen wäre, **hätte** ich gespendet.	お金があったなら、寄付したのに。

> 過去の仮定と結論は完了形になるのか

Kaffeepause

鉄道は旅に欠かせません。ドイツと日本、鉄道にどのような違いがあるでしょう。

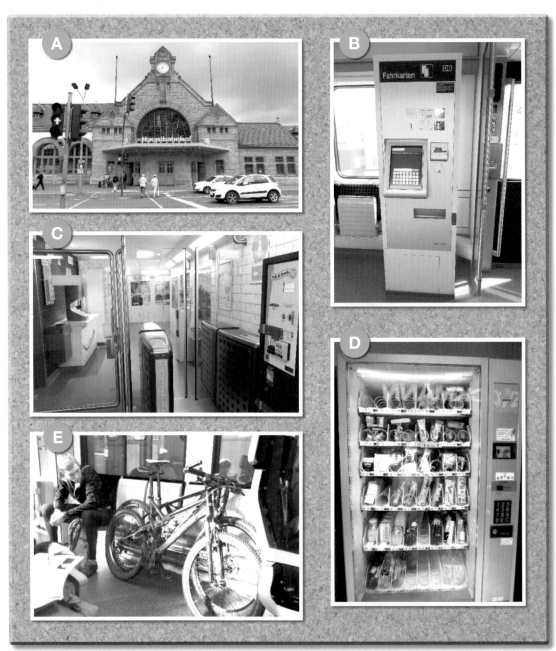

Ⓐ **Hauptbahnhof** とは中央駅のこと。ドイツの駅には改札がなく、車内検札制。

Ⓑ 地方路線では車内に券売機があることも。**改札機**で必ず切符に刻印しましょう。

Ⓒ 駅構内は**有料トイレ**が多い。50セントや1ユーロコインを切らさずに。

Ⓓ 駅構内の**自販機**でも高額紙幣は使用できません。コインを用意しましょう。

Ⓔ **自転車や犬**も乗車OK。ただし特別乗車券を購入する必要があります。

第3部

自宅で復習しよう

1. この課で学んだ動詞を整理しなさい。

意味	動詞	意味	動詞
～という名である		旅行する	
住んでいる		飲む	
来る		食べる	
（歩いて）行く		（乗物で）行く	
働く		話す	
～である		見る	
～を持っている		寝る	
（球技などを）する		読む	
する、つくる		取る	
聞く		知っている	

2. 主語を添えて、動詞を現在人称変化させなさい。

	（球技などを）する	働く	～である
私は			
君は			
彼は			
私たちは			
君たちは			
彼らは			

3. 左右の下線部には同じ動詞が入ります。動詞を人称変化させて空欄を埋めなさい。

(　　/20点)

① Hallo, ich ＿＿＿＿＿＿＿ Thomas. Wie ＿＿＿＿＿＿＿ du?

② Ich ＿＿＿＿＿＿＿ aus Frankfurt. Woher ＿＿＿＿＿＿＿ du?

③ Jetzt ＿＿＿＿＿＿＿ ich hier in Osaka. Wo ＿＿＿＿＿＿＿ du?

④ Ich ＿＿＿＿＿＿＿ zwanzig. Wie alt ＿＿＿＿＿＿＿ du?

⑤ ＿＿＿＿＿＿＿ du gern Takoyaki? Takoyaki ＿＿＿＿＿＿＿ ich sehr gern!

⑥ ＿＿＿＿＿＿＿ du Englisch? Frau Meier ＿＿＿＿＿＿＿ auch sehr gut.

⑦ ＿＿＿＿＿＿＿ du gern Manga? Zurzeit ＿＿＿＿＿＿＿ ich „Demon Slayer".

⑧ Wir ＿＿＿＿＿＿＿ sehr gern. ＿＿＿＿＿＿＿ ihr auch gern Karaoke?

⑨ Du ＿＿＿＿＿＿＿ immer nur Wasser. Was ＿＿＿＿＿＿＿ Herr Klein?

⑩ Das ist toll! Sie ＿＿＿＿＿＿＿ sehr gut Klavier. Ich ＿＿＿＿＿＿＿ nur „Flohwalzer".*

＊Flohwalzer ノミのワルツ＝猫踏んじゃった

Lektion **2**　名詞の性の復習

/20点満点

1. この課で学んだ名詞を整理しなさい。性を区別するために定冠詞も添えること。

意味	名詞	意味	名詞
机		傘	
椅子		リュックサック	
時計		カバン	
電灯		買物用エコバッグ	
写真		ポーチ	
パソコン		ペンケース	
本		ポケットティッシュ	
辞書		財布	
ノート		クレジットカード	
ボールペン		お金	
鍵		ペットボトル	
眼鏡		バナナ	
マスク		リンゴ	
携帯電話		チョコレート	

2. 名詞の性に気をつけて、値段を質問しなさい。　　　　　　　　　　（　　　/10点）

例　財布　　Was kostet **der** Geldbeutel?

① 傘　　_____?

② カバン　_____?

③ マスク　_____?

④ ペンケース　_____?

⑤ 辞書　_____?

3. すべて「いいえ」で答えなさい。固有名詞は所有冠詞に書き換えること。　（　　　/10点）

例　Ist das Leons Geldbeutel?　　Nein, das ist nicht **sein** Geldbeutel.

① Ist das Tims Schlüssel?　　Nein, _____.

② Ist das Hendriks Uhr?　　Nein, _____.

③ Ist das Hannas Buch?　　Nein, _____.

④ Ist das deine Maske?　　Nein, _____.

⑤ Ist das dein Handy?　　Nein, _____.

1. 持っているかどうか、答えなさい。　　　　　　　　　　　　　　　　　（　　／5点）

① Hast du eine Kreditkarte?　　_____.

② Hast du Hunger?　　_____.

③ Hast du Stress?　　_____.

④ Hast du einen CD-Spieler?　　_____.

⑤ Hast du ein Auto?　　_____.

2. 下線部に適切な定冠詞を入れなさい。　　　　　　　　　　　　　　　　（　　／7点）

① Siehst du _____ Park da?

② Wie findest du _____ Film?

③ Das Spiel gefällt _____ Fußballspieler sehr gut.

④ Ich finde _____ Buch sehr schön.

⑤ Gefällt dir _____ Computer?

⑥ Wie schmeckt dir _____ Kuchen?

⑦ Der Eiskaffee schmeckt _____ Frau ganz gut.　　＊schmecken（…な）味がする

3. 「これは誰々の何々です」という表現に書き換えなさい。　　　　　　　（　　／6点）

例　Leonie hat einen Hund.　　Das ist **Leonies** Hund.

① Lilli hat eine Katze.　　Das ist _____.

② Jan hat ein Fahrrad.　　Das ist _____.

③ Lara hat einen Mann.　　Das ist _____.

④ Der Sänger hat eine Frau.　　Das ist _____.

⑤ Die Lehrerin hat ein Haus.　　Das ist _____.

⑥ Das Kind hat ein Skateboard.　Das ist _____.

4. カフェメニューを見て、注文しなさい。　　　　　　　　　　　　　　　（　　／2点）

① 紅茶1杯とチーズケーキ1つ。　　_____.

② リンゴジュース1杯とケシの実ケーキ1つ。　_____.

前置詞の復習

1. 適切な前置詞を用いて文章を完成させなさい。後ろの名詞の格に注意すること。（　　　/10点）

例　r Bahnhof　　　Du bist **auf dem** Bahnhof.

Dann gehe ich auch **auf den** Bahnhof.

① r Supermarkt　Du bist _____.

Dann gehe ich _____.

② e Bank　　　　Du bist _____.

Dann gehe ich _____.

③ s Meer　　　　Du bist _____.

Dann gehe ich _____.

④ r Imbiss　　　Du bist _____.

Dann gehe ich _____.

⑤ s Haus　　　　Du bist _____.

Dann gehe ich _____.

2. すべて「いいえ」で答えなさい。質問と異なる条件を添えて表現すること。（　　　/5点）

例　Kommst du am Mittag?　　　　　Nein, ich komme **am Abend**.

① Kommst du am Samstag?　　　　Nein, ich komme _____.

② Kommst du mit dem Taxi?　　　　Nein, _____.

③ Kommst du mit deiner Freundin?　Nein, _____.

④ Kommst du im August?　　　　　Nein, _____.

⑤ Wartest du auf mich?　　　　　　Nein, _____.

3. （　　）の指示通りに主語を変更して、文章を書き換えなさい。（　　　/5点）

例　Ich ärgere mich über Ben. (**du**)　　　　**Du** ärger**st dich** über Ben.

① Ich interessiere mich für das Thema. (du)　　_____.

② Emma freut sich auf das Sommerfest. (wir)　_____.

③ Lukas freut sich über den Kuchen. (Mia und Lukas)　_____.

④ Erinnerst du dich an die Stadt? (ihr)　　　　_____.

⑤ Du konzentrierst dich auf das Konzert. (Sie)　_____.

助動詞と命令形の復習

1. 教科書の地図を見て、道案内をしなさい。 （　　　/4点）

① Wie komme ich zum Café?

_____.

② Wo ist das Kino?

_____.

2. 「いいえ、あなたはしてはいけません」と答えなさい。 （　　　/6点）

① Kann ich hier parken?

Nein, _____.

② Kann ich hier mit dem Fahrrad fahren?

Nein, _____.

③ Kann ich hier fotografieren?

Nein, _____.

3. 命令文と話法の助動詞を用いた文で表現しなさい。 （　　　/10点）

① 椅子を持ってくる

（命令形）　椅子を持ってきてください。　_____!

（können）椅子を持ってきてくれますか。　_____?

② 座る

（命令形）　座ってください。　_____!

（dürfen）座っていいですか。　_____?

③ 窓を開ける

（命令形）　窓を開けてください。　_____!

（sollen）窓を開けましょうか。　_____?

④ リンゴ1キロ購入する

（命令形）　リンゴ1キロ購入してください。　_____!

（wollen）リンゴ1キロ購入しましょう。　_____!

⑤ 塩をとる

（命令）　　塩をとって。　_____!

（können）塩をとってくれるか。　_____?

時刻・曜日・日付の復習

/20点満点

1. この課で学んだ表現を整理しなさい。時刻は12時間制で表現すること。

意味	曜日	意味	日付	意味	日付/時刻
月曜に	am Montag	1月 1 日に	am ersten Januar	9 月21日に	
火曜に		2月 2 日に		10月25日に	
水曜に		3月 3 日に		11月30日に	
木曜に		4月 4 日に		12月31日に	
金曜に		5月 5 日に		13時30分に	
土曜に		6月10日に		14時45分に	
日曜に		7月19日に		16時20分に	
週末に		8月20日に		18時35分に	

2. 質問に答えなさい。 (/10点)

① Wann beginnt der Deutschunterricht? Er beginnt um _____.

② Wann endet die Mittagspause? _____.

③ Wann hast du Geburtstag? _____.

④ Welcher Tag ist heute? _____.

⑤ Der Wievielte ist heute? _____.

3. 友人を誘ったり、誘いに応じたりする表現をまとめなさい。 (/10点)

① 私たち、いつ会おうか？ Wann _____?

② 土曜日はヒマかな？ _____?

③ 土曜はいけるわよ。 _____.

④ 何がしたい？ _____?

⑤ 君の希望は？ _____?

⑥ 私はレストランに行きたいわ。 _____.

⑦ 何時がいいかな？ _____?

⑧ 19時でもいいかしら？ _____?

⑨ 19時はダメよ。 _____.

⑩ 19時30分がベストね。 _____.

1. この課で学んだ動詞を整理しなさい。

意味	動詞	意味	動詞
起床する		片付ける	
乗り遅れる		テレビをみる	
到着する		電話をかける	
訪問する		コピーする	
談笑する		招待する	
参加する		立ち寄る	
買物する		再会する	
帰宅する		(〜のように) 見える	

2. 平叙文、疑問文、命令文、助動詞構文で、分離動詞を使い分けなさい。　　　　（　　　/12点）

①　einkaufen

平叙文：私は百貨店で買物をします。　　＿＿＿＿＿＿＿＿＿＿＿＿＿＿＿＿.

疑問文：どこで君は買物をするの？　　　＿＿＿＿＿＿＿＿＿＿＿＿＿＿＿＿?

命令文：スーパーで買物をしろ！　　　　＿＿＿＿＿＿＿＿＿＿＿＿＿＿＿＿!

助動詞：私は百貨店で買物したいんです。　＿＿＿＿＿＿＿＿＿＿＿＿＿＿＿＿.

②　zurückkommen

平叙文：私は6時に帰ります。　　　　　＿＿＿＿＿＿＿＿＿＿＿＿＿＿＿＿.

疑問文：いつ帰ってくるの？　　　　　　＿＿＿＿＿＿＿＿＿＿＿＿＿＿＿＿?

命令文：今帰ってきなさい！　　　　　　＿＿＿＿＿＿＿＿＿＿＿＿＿＿＿＿!

助動詞：私は今帰ることはできません。　＿＿＿＿＿＿＿＿＿＿＿＿＿＿＿＿.

③　anrufen

平叙文：私はあとで君に電話します。　　＿＿＿＿＿＿＿＿＿＿＿＿＿＿＿＿.

疑問文：いつ私に電話してくれるの？　　＿＿＿＿＿＿＿＿＿＿＿＿＿＿＿＿?

命令文：私に電話してよ！　　　　　　　＿＿＿＿＿＿＿＿＿＿＿＿＿＿＿＿!

助動詞：私に電話してくれるかな？　　　＿＿＿＿＿＿＿＿＿＿＿＿＿＿＿＿?

3. zu 不定詞を用いて、週末に友人を誘いなさい。　　　　　　　　（　　　/8点）

①　＿＿＿＿＿＿＿＿＿＿＿＿＿＿＿＿＿＿＿＿＿＿＿＿＿＿＿＿?

②　＿＿＿＿＿＿＿＿＿＿＿＿＿＿＿＿＿＿＿＿＿＿＿＿＿＿＿＿?

/20点満点

1. 動詞の過去基本形と過去分詞形を作りなさい。　　　　　　　（　　　/10点）

	分類	意味	不定形	過去基本形	過去分詞形
①	規則	買う	kaufen		
②	規則	朝食をとる	frühstücken		
③	不規則	立っている	stehen		
④	不規則	眠る	schlafen		
⑤	不規則	知っている	wissen		
⑥	分離	買物をする	einkaufen		
⑦	分離	起床する	aufstehen		
⑧	分離	一緒に来る	mitkommen		
⑨	非分離	売る	verkaufen		
⑩	外来	試食する	probieren		

2. 動詞を過去人称変化させなさい。　　　　　　　　　　　　（　　　/4点）

意味	① ～である	② を持っている	③ ～になる	④ ～できる
不定形	sein	haben	werden	können
過去基本形				
ich				
du				
er/sie/es				
wir				
ihr				
sie/Sie				

3. 動詞の現在形を過去形に直しなさい。　　　　　　　　　　（　　　/6点）

例　Es **ist** Sonntag.　　　　　　　　　Es **war** Sonntag.

① Ich **habe** Fieber.　　　　　　　　　Ich _____.

② Ich **kann** nicht zur Arbeit gehen.　_____.

③ **Seid** ihr den ganzen Tag unterwegs?　_____?

④ Am Abend **sind** wir im Krankenhaus.　_____.

⑤ **Wirst** du krank?　_____?

⑥ **Kannst** du etwas essen?　_____?

/20点満点

1. 動詞の現在形を現在完了形に直しなさい。　　　　　　　　　　　（　　　/10点）

① Anna und Alex **machen** Urlaub in den Alpen.

Anna und Alex _____ .

② Sie **wohnen** in einer Ferienwohnung in Füssen.

_____ .

③ Das Dorf **gefällt** ihnen gut.

_____ .

④ Sie **gehen** durch die Straßen spazieren.

_____ .

⑤ Anna **kauft** im Souvenirladen eine Holzpuppe.

_____ .

⑥ Alex **trinkt** im Gasthaus ein Weizenbier.

_____ .

⑦ Nachmittags **besuchen** sie das Schloss Neuschwanstein.

_____ .

⑧ Alex **bucht** Eintrittskarten im Internet.

_____ .

⑨ Viele Besucher **fahren** mit der Kutsche zum Schloss.

_____ .

⑩ Sie **besichtigen** das Schloss mit Führung.　　　　＊die Führung 案内ガイド

_____ .

2. 適切な助動詞を補って、現在形で受動態を完成させなさい。　　　（　　　/10点）

① Das Haus _____ von meinem Vater renoviert.

② Das Haus _____ ganz modern renoviert.

③ Der Souvenirladen _____ um 10.00 Uhr geöffnet.

④ Der Souvenirladen _____ immer geöffnet.

⑤ Der Souvenirladen _____ morgen um 17.00 Uhr geschlossen.

⑥ In Bayern _____ viel Weizenbier getrunken.

⑦ In Österreich _____ Deutsch gesprochen.

⑧ Alex _____ ins Krankenhaus gebracht.

⑨ Er _____ vom Arzt untersucht.

⑩ Die OP-Vorbereitungen_____ schon gemacht.

＊die OP-Vorbereitungen(pl.) 手術の準備

Lektion 10　副文と関係文の復習

/20点満点

1. 従属接続詞 weil を用いて、文章を接続しなさい。　（　　/5点）

① Wir sonnen uns im Park. Das Wetter ist schön. _____.
② Alex geht zum Arzt. Er hat Rückenschmerzen. _____.
③ Hugo bleibt zu Hause. Er ist krank. _____.
④ Peter hat sich verlaufen. Er ist hier fremd. _____.
⑤ Ich rufe ihn nicht an. Der Akku vom Handy ist leer. _____.

＊sich verlaufen 道に迷う
＊der Akku vom Handy 携帯電話の蓄電池

2. 従属接続詞 dass を用いて、文章を接続しなさい。　（　　/5点）

① Es ist toll. Wir haben Konzertkarten bekommen. _____.
② Es freut mich. Ich kann ins Konzert gehen. _____.
③ Es ist schade. Max kann nicht mitkommen. _____.
④ Meine Mutter sagt. Sie holt uns vom Bahnhof ab. _____.
⑤ Ich weiß. Sie kommt immer zu spät. _____.

3. 従属接続詞 wenn を用いて、文章を接続しなさい。　（　　/5点）

① Max bekommt gute Noten. Er lernt viel. _____.
② Wir machen eine Party. Er besteht die Prüfung. _____.
③ Du kannst mitkommen. Du hast Zeit. _____.
④ Fahren wir langsam! Du bist fertig. _____!
⑤ Ist es dir recht? Ich rufe ein Taxi. _____?

＊gute Noten bekommen 良い点数をとる

4. 定関係代名詞または関係副詞 wo を用いて、文章を接続しなさい。　（　　/5点）

① Wo ist der Salat? Ich habe ihn gestern gekauft. _____?
② Wo ist das Restaurant? Ihr esst dort oft zu Mittag. _____?
③ Ist das der Lehrer? Er unterrichtet Geschichte. _____?
④ Ist das das Hotel? Du möchtest dort übernachten. _____?
⑤ Zeig mir mal das Bild! Du hast es auf Instagram gefunden. _____!

主要不規則動詞変化表

※完了の助動詞にseinをとる動詞にのみ略号 (s) を付し，haben をとる動詞は無記号とした。
　ただし、sein支配の動詞が、用法によってはhaben支配となる場合もある。

不定詞 　　直説法現在	過去基本形	過去分詞	接続法第2式
bleiben (s) 　とどまる	**blieb**	**geblieben**	bliebe
beginnen 　始める	**begann**	**begonnen**	begänne
bringen 　持ってくる	**brachte**	**gebracht**	brächte
denken 　考える	**dachte**	**gedacht**	dächte
dürfen 　…してもよい 　　ich darf 　　du darfst 　　er darf	**durfte**	**dürfen** **gedurft**	dürfte
essen 　食べる 　　du isst 　　er isst	**aß**	**gegessen**	äße
fahren (s) 　（乗り物で）行く 　　du fährst 　　er fährt	**fuhr**	**gefahren**	führe
fallen (s) 　落ちる 　　du fällst 　　er fällt	**fiel**	**gefallen**	fiele
fangen 　捕まえる 　　du fängst 　　er fängt	**fing**	**gefangen**	finge
finden 　見出す	**fand**	**gefunden**	fände
fliegen (s) 　飛ぶ	**flog**	**geflogen**	flöge
geben 　与える 　　du gibst 　　er gibt	**gab**	**gegeben**	gäbe
gehen (s) 　行く	**ging**	**gegangen**	ginge
genießen 　享受する	**genoss**	**genossen**	genösse
geschehen (s) 　起こる	**geschah**	**geschehen**	geschähe

不定詞 　　直説法現在	過去基本形	過去分詞	接続法第2式
haben 　持っている 　　ich habe 　　du hast 　　er hat	**hatte**	**gehabt**	hätte
halten 　持って（つかんで）いる 　　du hältst	**hielt**	**gehalten**	hielte
heißen 　…と呼ばれる	**hieß**	**geheißen**	hieße
helfen 　手助けする 　　du hilfst 　　er hilft	**half**	**geholfen**	hülfe
kennen 　知っている	**kannte**	**gekannt**	kennte
kommen (s) 　来る	**kam**	**gekommen**	käme
können 　…できる 　　ich kann 　　du kannst 　　er kann	**konnte**	**können** **gekonnt**	könnte
laden 　（荷を）積む 　　du lädst 　　er lädt	**lud**	**geladen**	lüde
lassen 　…させる 　　du lässt 　　er lässt	**ließ**	**gelassen**	ließe
laufen (s) 　走る 　　du läufst 　　er läuft	**lief**	**gelaufen**	liefe
lesen 　読む 　　du liest 　　er liest	**las**	**gelesen**	läse
liegen 　ある	**lag**	**gelegen**	läge
mögen 　…かもしれない 　　ich mag 　　du magst 　　er mag	**mochte**	**mögen** **gemocht**	möchte

不定詞 　　　直説法現在	過去基本形	過去分詞	接続法第2式
müssen 　…ねばならない 　　ich muss 　　du musst 　　er muss	**musste**	**müssen** **gemusst**	müsste
nehmen 　取る 　　du nimmst 　　er nimmt	**nahm**	**genommen**	nähme
rufen 　呼ぶ	**rief**	**gerufen**	riefe
schlafen 　眠る 　　du schläfst 　　er schläft	**schlief**	**geschlafen**	schliefe
schließen 　閉める 　　du schließt 　　er schließt	**schloss**	**geschlossen**	schlösse
schreiben 　書く	**schrieb**	**geschrieben**	schriebe
schwimmen 　泳ぐ	**schwamm**	**geschwommen**	schwömme
sehen 　見る 　　du siehst 　　er sieht	**sah**	**gesehen**	sähe
sein (s) 　在る 　　ich bin 　　du bist 　　er ist	**war**	**gewesen**	wäre
singen 　歌う	**sang**	**gesungen**	sänge
sollen 　…すべきである 　　ich soll 　　du sollst 　　er soll	**sollte**	**sollen** **gesollt**	sollte
sprechen 　話す 　　du sprichst 　　er spricht	**sprach**	**gesprochen**	spräche
stehen 　立っている	**stand**	**gestanden**	stünde
steigen (s) 　登る	**stieg**	**gestiegen**	stiege

不定詞 　　直説法現在	過去基本形	過去分詞	接続法第2式
tragen 　運ぶ 　　du trägst 　　er trägt	**trug**	**getragen**	trüge
treffen 　会う 　　du triffst 　　er trifft	**traf**	**getroffen**	träfe
treten 　歩む、踏む 　　du trittst 　　er tritt	**trat**	**getreten**	träte
trinken 　飲む	**trank**	**getrunken**	tränke
tun 　する 　　ich tue 　　du tust 　　er tut	**tat**	**getan**	täte
vergessen 　忘れる 　　du vergisst 　　er vergisst	**vergaß**	**vergessen**	vergäße
waschen 　洗う 　　du wäschst 　　er wäscht	**wusch**	**gewaschen**	wüsche
werden (s) 　（…に）なる 　　du wirst 　　er wird	**wurde**	**geworden** （受動 **worden**）	würde
werfen 　投げる 　　du wirfst 　　er wirft	**warf**	**geworfen**	würfe
wissen 　知っている 　　ich weiß 　　du weißt 　　er weiß	**wusste**	**gewusst**	wüsste
wollen 　…しようと思う 　　ich will 　　du willst 　　er will	**wollte**	**wollen** **gewollt**	wollte
ziehen 　引く	**zog**	**gezogen**	zöge

クマといっしょにドイツ語

—1.会話 2.文法 3.復習ドリル—

©2022年1月30日　初版発行

検印
省略

著　者　　　　　　　　　　　　羽根田知子
　　　　　　　　　　　　　　　熊谷知実
　　　　　　　　　　　　　ハイケ・ピナウ

発行者　　　　　　　　　　　　原　　雅　久

発行所　　　　　　　　　株式会社 朝日出版社
　　　　　〒101-0065 東京都千代田区西神田 3-3-5
　　　　　　　TEL (03) 3239-0271・72 (直通)
　　　　　　　振替口座　東京 00140-2-46008
　　　　　　　　https://www.asahipress.com/
　　　　　　　　　　　　メディアアート